松吟樓麗體文集

陳 松 雄 著

文 史 哲 學 集 成
文史哲出版社印行

國家圖書館出版品預行編目資料

松吟樓麗體文集 / 陳松雄著. -- 初版. -- 臺北
市：文史哲出版社，民 109.11
面：公分（文史哲學集成 734）
ISBN 978-986-314-535-6（平裝）

863.4　　109017058

文史哲學集成 734

松吟樓麗體文集

著者：陳松雄
出版者：文史哲出版社
http:// www.lapen.com.tw
e-mail:lapen@ms74.hinet.net
登記證字號：行政院新聞局版臺業字五三三七號
發行人：彭正雄
發行所：文史哲出版社
印刷者：文史哲出版社
臺北市羅斯福路一段七十二巷四號
郵政劃撥帳號：一六一八〇一七五
電話886-2-23511028・傳真886-2-23965656

實價新臺幣四二〇元

二〇二〇年（民一〇九）十二月初版

ISBN 978-986-314-535-6　　01734

司序

駢猶並也，如二馬並馳，恆不交錯，若循規蹈矩，直道而行，永不出軌。自魏晉以來，駢文盛行，遂與散文分道揚鑣，孰優孰劣，迄無定論。唯近世歐風美雨來襲，駢道一蹶不振。吾友陳松雄好為駢文，凡所述作，無不用駢，五十年來，敝精神於此道，盡心力於斯文，今觀其鋪采偶儷，吐音鏗鏘，隸事宏博，而言之有物，非為虛談，從博士班結識以來，幾變光陰，已四十餘年，因性格相契，疾浮華虛偽，崇尚檢括，知其為人淳厚謙遜，博涉史傳，諳前人之舊典。每求為修飾文章而不得詞藻或事典，其常不假思索，或將已有成語賦予新義，或將成句妙手偶得，或將文字重組，可謂出神入化。先母在世時，最喜閱讀其作。每有服過學校逢慶典來索聯語，一定求教之，並常曰：「對聯優劣，端看讀書多少，語藏貧富，及思想之條理，更須有高超之智力，不然，積地盈天之佳句，未必能巧配成對，而誕生新義。」讚譽其飽讀詩書，卓爾出群。先母更視松雄為子侄，憶及每陪先母就診於中心診所，松雄家即在附近，必前來問安，並暢談甚歡。先母不喜應酬，然松雄家婚慶則必歡愉出席。及先母辭世，松雄欷歔流涕，並撰「天地正氣，古今完人」，索思千縷，為紀念先母於庭園手植櫻樹，樹石勒碑，特撰「樹木成蔭，樹人成材」誌之，又於廊廡建置先妣寶座，並撰文述之。對先母之真誠，完全出自內心，毫無虛矯。

松雄接長東吳中文系，先母作畫一幅，獨缺款識，惟遲未送上，因問先母，告以「見陳教授客廳之玻璃屏風上有親筆所書行楷，提按頓挫，清晰分明，結體平穩勻稱，從容蘊藉，骨氣晴朗峻拔，筆力輕健，寓剛健於婀娜之中，行遒勁於婉媚之內，流露出質樸之意韻，表現書者之氣質學養與人品，我得再練練，才能落款」，憾甚，至今已無法送出此幅畫作，為之誌慶。

陸游有詩：「我生學語即耽書，萬卷縱橫眼欲枯，莫道終身作魚蠹，爾來書外有工夫。」松雄自幼就有「我生學語即耽書，萬卷縱橫眼欲枯」，效陸游之大志，好學不倦之精神，苦心孤詣，從不貪緣攀附，真乃「平生一片心，不因人熱；文章千古事，聊以自娛」，他絕非書蟲，其實「莫道終身作魚蠹，爾來書外有工夫」，真本事乃在書本之外。他長東吳大學中文系，即要求學子背書而有默書競賽，因原始教育之方，即是背誦。使其言若出於吾之口，使其意若出於吾之心，未有不能記憶而能有得者也。唯有勤苦於前，乃能收效於後。務反覆熟嚼，方始出味。多讀多誦，常常可以順口背出，不待解說，即能體真義。古人謂「讀書千遍，其義自見」，高聲朗誦，自然可以尋韻詠吟之際，逐文句讀之間。故國家民族，實植基於其文化，若無文化，則將淪於萬劫不復，永無翻身。

三峽祖師廟二樓側殿整建文昌殿、太歲殿，右側鐘樓及左側鼓樓之楹聯皆出自其所撰，更為祖師廟新建大樓預撰全臺宮廟最長楹聯，將專業知能挹於文化場域，其對地方廟宇傳承民俗，厚植提升臺灣社會文化之勞績，以知識貢獻社會之使命可見一斑。

駢體文名稱甚多，六朝人稱「今體」，或麗辭，直至唐柳宗元「駢四儷六，錦心繡口」，始有駢麗之名，為中國特有之文體，因其文字為獨體與單音，可以有「對稱」之美，音律之美，故有「美文」之號，講氣韻、含蓄、典麗，極字句整齊形式之美，兼韻律鏗鏘之聲音美，松雄幾十年以來所見所聞所識有得心必借書於手。一切述作、論文、學報、期刊皆以駢文出之，「體植必兩，自然成麗」，綺穀紛陳，典事輻輳，固無論矣。外此，尚有數百篇純為駢文應酬、合時為事而作，茲選其百篇，當為傑作，以饗學者，則多年來「沉浸醲郁，含英咀華」，殆可無愧。歐陽修曰：「余讀班固〈藝文志〉，唐『四庫書目』，見其所列，自三代秦漢以來，著書之士，多至百餘篇，少者猶三四十篇，其人不可勝數，而散亡磨滅，百不一二存焉。」松雄散亡磨滅之帙，不可勝數，茲選其百篇以付梓，望世人覩而有感焉，則不費其心力之勞，更可垂之於士林，傳之於文苑耳。

司仲敖序於臺北大學
二〇二〇年歲次庚子

許序

夫文章盛事，燦若繁星。余論中國文學藝術之美，首推唐人近體，其次六朝駢文。近體詩借鑒駢體文頗多，復有創新，故能後出轉精，奪得桂冠。唯駢文具備之優勢，亦不容小覷也。駢文創作，以四六句式為主，因講究對仗，句式兩兩相對，如並駕雙馬，故稱駢體。其創作規範，運用平仄與對偶，韻律和諧；注重藻飾兼用典，修辭典雅。因務實講究對偶、藻飾、用典、聲律四種形式要素，若無厚實學養之真功夫，冀能攀頂登峰，戛戛其難矣。

我大學學長陳松雄教授，手不釋卷六十餘年，窮一生精力鑽研儷辭，故能鶴立雞群，成就為當代駢文大家焉。觀其學位論文，《陸宣公之政事與文學》、《齊梁麗辭衡論》數十萬言，落筆揮毫，洋洋灑灑，皆以駢體書寫。爾後發表于《東吳中文學報》論文，篇篇率由麗辭舖排，誠所謂前無古人，恐亦後無來者也。

茲著作結集傳世，觀先生麗辭之體，約有三期：一曰履端于始，顧慕宣公，故以實用為主，如〈陸宣公之政事〉：「夫國家之盛衰，政治之隆汙，百揆否泰之關鍵，四海困達之樞機，雖曰天命，豈非人事？故《易》舉『視履考祥』之教，《詩》發『慎明爾德』之詠，《尚書》直言『天聽自我』之義，《春秋》高標『禍福唯人』之箴，皆所以謹敕其事，務求興隆者也。是以周武剋殷，十人同德而成功；商紂違道，億兆離心而傾命。政事理亂之機，關乎國家興亡之運，其間息息，豈止脣齒之喻已哉？」學步宣公，較然可知。〈陸宣公翰苑集再版序〉：「服膺儒雅，鑽仰典墳，祖述聖賢之誥，憲章政治之經。援引故實，事必徵諸載籍；草擬奏詔，義恆歸乎翰藻。詞比王駱而用周，筆似燕許而言切。可謂總四部而俱通，跨三唐而孤出者也。」二曰舉正于中，羽儀齊梁，故以騁辭為本，如〈齊梁麗辭衡論序〉：「萬物雜陳，綺交以成文章；五情並蘊，鬱發而為歌詠。是以茫茫宇宙，文德與天地並興；渺渺人寰，歌詠隨生民俱始。聖人體萬物之性，通五情之常，原道以敷章，研理而設教，方冊布煥乎之盛，格言溢郁哉之文。抒發情志，無非體要之辭；彌綸群言，悉著立誠之訓。遂為性靈之奧區，文章之樞府。」〈地理環境與齊梁文學之關係〉：「齊梁之時，天下離亂，四海猖披，五馬驚騰，中原淪為左衽之區，南服遂成華夏之裔，衣冠禮樂，漸被江漢之表，藝文學術，廣萃浙閩之濱，風流洋溢，文化日滋，雨潤更新，人才蔚起。益以江南饒雲水之鄉，吳楚多山澤之美，鶯飛草長，百花鬱其芬馥，春和景明，雲霞呈其絢爛，嵩衡巍峨，壯山川之形勝，江淮沉深，騰滄海之波瀾，滋蘭樹蕙，博博芳潔之士，吟風弄月，蒼蒼綺麗之氣，蟬鳴蝶舞，作宛轉纏綿之態，名士青衫，興秋水伊人之思，此江南靈秀之雅，足為才子視聽之區，苟無艷麗之作，何遣宛轉之懷？若非繽紛之藻，焉盡湖川之秀？」信手拈來，酌奇而奇瑰盈篇，巧心書寫，翫華而華贍滿紙。三曰歸餘于終，楷式徐庾，故以雕藝為務，如〈徐陵麗辭「藝」「用」並重〉：「夫文之為德，經緯多端，或為快意抒情，或為談方論事。周秦兩漢，多原道以敷章；魏晉六朝，每含情而司契。原道成翰，殆以實用為歸；含情織詞，將以文藝為主。則文德之用，不出二途，擅勝專精，分庭抗禮。南朝以降，文藝勃興，抱質之篇日疏；翫華之作寖盛。馴致辭耀錦繡，聲和球鍠，營儷比於聯華，雕藻工於刻匠。文章製作，如藝品之鋪陳；詞采布舒，似綺縠之錯比。煇煥之藻，猶熠燿之宵征；鏗鏘之音，譬宮商之迭代。動無虛散，假營造以稱工；言必儷雙，因排比而為偶。傑然獨擅，卓爾不群，呈藝文之奇觀，實江左之特色。」〈論庾賦之地位〉：「陸機鋪賦，始革京苑之風；顏延雕華，方開晉宋之習。二子樹範，垂齊梁而益工；駢辭造型，至庾信而極麗。體製煥綺，盡失傳統之觀；音聲鏗鏘，廣怡世人之耳。文詠因革之大，往古無聞；體裁貿遷之奇，昔賢未見。辭賦藝術，已造極而登峰；筆端才情，幾空前而絕後。文苑奇景，偏綻五色之花；麗壇秀才，永垂萬年之譽。」隨意結藻，雕藝如是。

從樸徂華，由華趨藝，乃萬物變化之恆規，百章進展之常則。古人佳構如是，先生麗辭亦然。吾深知學長著作，錦繡裁成，風華獨樹，共天地以長存，耀山川而爭麗，因黽勉序之，用附驥尾云爾。

城前村人**許清雲**誌於陽明山下聽濤寓所

二〇二〇年歲次庚子

陳序

溯夫姬孔，以文章為經邦之大業；逮及齊梁，憑儷體友勝國之名流。蓋天地之數，以奇而誕，緣耦乃成；一可生雙，雙則還歸於一，奇耦互用，是以無息焉。人之形體與文字之道，等同天地之用，何獨不然？柳子厚〈乞巧文〉云：「抽黃對白，……駢四儷六。」劉彥和《文心雕龍・章句》曰：「四字密而不促，六字裕而非緩。」自唐宋以迄明清，四六之文，名家輩出，儼然譜就歷朝風氣。民國以還，更有陽新成楚望蔚為一代文宗。高師仲華嘗謂：魏晉南北朝擁此才情者雖眾，第其品德並茂如惕軒者蓋稀，能無「萬中難以得一」之歎乎！

東吳大學前中國文學系陳主任松雄教授，方其肄業成均，即醉心翰苑；專攻帝師之術，兼究駢儷之章。十年後，憑《陸宣公之政事與文學》，獲文學碩士學位，開麗辭寫論文之先河。自茲博論、升等暨學術研究論文，凡百餘萬言，均以儷體為之。能複筆之中，寓單行之氣；鋪百章而有序，騁千里而無垠。雖非絕後，洵屬空前也。

松雄啟蒙雖晚，九歲始入小學，廿八歲作文表志，甫逾而立之齡以〈自述〉見賞於宿儒潘石禪。然而竟憑碩士生身分，隔年於風盲雨晦之辰，柱折維傾之會，恭撰〈祭總統 蔣公文〉，今余拜讀而心酸淚下，是亦私淑一代文宗成夫子而尤傑出者焉。

松雄撢究群經，括囊諸子；目獵百家之集，心維翰苑之章。偉抱別開，靈淵在御；文奇而理典，言古而意新。平視彼蒼，自晦其素；上關宗社之休戚，遠溯時會之推遷。胥能言之有物者，良由胎息既厚，藻飾又工；泠然情旨淵深，意興飛動，以自成馨逸焉耳。

余與松雄有殊勝之因緣：民國六十六年初會於大成崗，一見如故，隔週兄持其碩論相贈。糸屬同宗，而家兄又與其上名從木，下名又皆雄，於是敬之如兄長；況九月中，彼此因係政大、文大博士生身分，均得在臺師大沐陳立夫老師親授「人理學研究」課程一學年。此後，世新、文大、輔大、淡江、中興法商、新北大、東吳授課，或試院高闈衡卷，經常相遇，凡有新作，必獲先覽為快。深覺其用典貼切，敷藻清華，對偶精工，律聲諧美，烹句靈動。成門弟子擅駢者，梅山仁青，惜墨如金；寧波芳耀，揮毫匯海，慨皆往矣。唯松雄潤色明時，斯道垂不絕之縷；揚聲今世，有徒續連綿之薪。師生才德如斯俱美，是尤為難得也已。

要而言之，松雄經史存胸，驊騮並轡，列堂堂之陣，標正正之旗，馳六代之英風，繼三唐之逸韻。或宗庾開府，健筆以凌雲；更法陸宣公，修身而務本。蓋以其擘精陸機之《文賦》，撢思劉勰之《文心》；故窺豹能周，雕龍足備也。憶昔韓魏公琦嘗曰：「歐陽永叔為翰林學士，天下之文章，莫大於是！」旨哉斯言，居今之世，吾恰可以：「松雄東吳領國子先生，世間之儷偶，其惟在茲！」之對聊表予心也。還望松雄於頤養林泉餘暇，能化徵實之學為空靈之章，將蓬萊山水與東瀛風日納入吟篇，以饗廣大讀者，是為序。

蘭陽弟**陳慶煌**冠甫謹序於臺北市心月樓
二〇二〇年五月二十五日之吉辰

鄭序

文辭氣力，通變則久，劉勰曰：「楚之騷文，矩式周人；漢之賦頌，影寫楚世。」後進之士，瞻望前賢，即有天縱之才，亦未能跨越此則，故宗經為式，辭入槃深之淵；望騷成篇，文歸艷逸之境。昔貞觀忻慕庾信，以為其風可擬；商隱仰瞻令狐，然後其體立辨。清代麗體，擬風益甚：王闓運之學庾信，情韻逼真；汪容甫之學劉峻，遭逢近似。晚清歐風東漸，國人陶醉，信科學之真諦，愛語體之明白，遂蔑棄典作，不復擬風。惟陳師松雄先生，猶守六朝之矩矱，尋先賢之軌物，庶幾操斧伐柯，取則不遠。

先生東吳秀士，庠序名師。熊膽盈腸，蛇珠在握。安世博窮三篋，曼倩默識萬言。加以酷好四六，尤工馬蹄。假論文以練才，殆欲追新；藉學術於創作，居然俱麗。沈約多病，革帶常移；賈島苦吟，涕泗恆墜。先生則木鐸日懸，金聲屢振。昔膺主任，早叩鴻鐘。杜工部之詠懷，先稱庾信；蘇子瞻之上奏，亟讚宣公。於是生徒仰望，儕輩慕範，菁莪傳其麗製，友朋請其佳文。先生不惟口講，抑且指畫，期好駢之風不墜，研術之氣不衰耳。

於是優等期刊，篇篇必錄；歷代掌故，事事不遺。獨上金樓，笑梁元之未全；廣開秘府，識空海之有漏。僕自受業近二十年來，含毫多苦，夢朱衣而無託，吞丹篆以何從。宋玉堂前，實有師於三閭；南國苑內，多盼戀於二謝。先生則妙句起予，翻尊六藝；金針度我，爭續三都。今乃庋以縹囊，錄成緗帙，萃慮抱託情之藻，兼發皇探賾之章。從來樂古，每謂八家；自此賞文，偏崇一豹。頃常優游詞壇，沉耽麗體，敬遜時敏，以來厥修。而載籍浩繁，非師範雅製，模擬精言，何從位理置心，而雕章耀采乎。此吾師獨覩之祕，亦宇辰偏愛之寶也。

鄭宇辰序於東吳大學
二〇二〇年歲次庚子

自序

聖賢述作，振鴻采於書辭；士子鋪摛，寄藻思於翰墨。是知載籍之作，皆以飾華為宗；精言之篇，率因雕縟成體。況布論之士，抒懷之人，寧毋傾心於鏤金，潄精神於錯采乎？不為雕蟲，楊子雲之過言；善事考辭，陸平原之高論。故搦筆和墨，但依鍊研之方；營麗選音，必假鑽刻之術。此通衢大道，百世咸遵；鴻烈秘方，萬家共覩。文場詞苑，經因革而常新；士才筆鋒，隨礪磨而永健者也。

既聞斯義，竊慕在心，意欲窺深，披吟不輟。尋入大學，幸逢名師，告以博涉之方，申以善摩之道。口吟指畫，傳正業於館堂；言譬心期，定餘功於居學。馬前習駕，志在千里之程；館下陶思，願隨百家之後。承教數載，初試啼聲；奮飛百尋，遙思鳴鳳。而成篇不易，鑄典至難，切理厭心，請待來日。故不舍晝夜，無憚勤勞，錐股和熊，移晷靡倦。上泝六代，觀十錦之耀金；下沿四朝，賞雜花之生樹。歷覽駢囿，心曠神怡，顧慕典事之工，繪描音辭之美。誦摹滋永，感慨滋深，當前之貌易窺，在後之神難覓。以此自愧，莫知所為，空嗟蜀道之難，徒歎儷牆之峻。暨爾嗜愛宮體，數絕韋編，吟哦宮商之和，翫澤態色之艷。且又體貌徐庾，心儀厥才，喜詠蹄音，好營四六。蓋以子山行役終歲，情動江關；孝穆論謨窮年，義振南北。或羈棲獨歎，音辭盪氣迴腸；或顛沛自傷，書論翻濤湧浪。庾真徐善，麗壇雙英，匪惟外文之綺交，尤屬內義之脈注也。吾仰望不至，但聞咳唾之音；規摹失真，難悟篆雕之術。猶卻克學步，未成邯鄲之行；東施效顰，何及西子之態。而竟日研錬，應機鏤裁，庶無畫虎之譏，苟免望洋之歎而已。

嘗聞士林筆苑，先學後辭，兼顧為宜，不能軒輊。沉浸穠郁，然後鋪采摛文；散敷錦珠，應先博聞廣識。根深木茂，源遠流長，棄實靡華，憑虛無物。是以經綸滿腹，始能杼軸以成章；璞玉充堂，要在琢磨以作器。故曹植輕辭重道，楊修質疑；世人遺理尋虛，陸機興歎。惟道勝文湧，理充辭披，非重輕之區分，乃先後之囿別也。故馳思驟至，易斷續援；借巧儻來，難為刪接。志文積學，有術有門，先後之階，庸可躐等。揚雄觀書石室，就成鴻裁；相如耀藻辭壇，師範屈賦。翰苑矩矱，前士久循而未先；文章楷模，後生長仰而非晚。

余雅愛麗體，學步前修，既探論思之方，復鑽敷采之藝。創作學術，並藉篇章，或屬應景之文，或偏闡微之義。用途雖異，雕藻則同，故並蓄兼容，合編共集。而意銳性懶，睿作罕聞，加以粗心遺篇，大意失稿。今所彙聚，難以成書，殆皆焚毫燒硯之餘，落簡殘編之後。補袍之集，豈徒子山之感傷；散帙之書，寧止永叔之遺憾？而聊當覆醬，倘塵賞好之觀；無畏斷流，早見沉浮之狀。

陳松雄謹識

松吟樓麗體文集

目次

大學畢業　作文表志

(59)

余性本恬靜，好學深思。自承庭訓，粗聞經義；傾慕前修，酷愛風雅。旋側上庠，攻治漢學，得名師之雨化，識鑽仰之術方，沉酣於墳典之中，出入於百家之際。吾師口講指畫，常抱無隱之誨；余則沿波追風，每知攻木之序。庶幾文章見重，無須飛馳以載譽；博學美身，不待良史而彰名。故而蹞步是積，寸陰是惜，兢兢業業，殫慮鐫思。不敢毫末之輕心，不敢須臾之怠志，無以窮約而弗務，無因困乏而改操。爾來藏修息游，既獲益以居多；切磋琢磨，亦增華而匪淺。如探明珠於合浦，而耀驪龍之夜光；採美玉於荊山，而翫連城之尺璧。所謂謀道不餒，為學日益，立冥冥之志，獲昭昭之明者也，豈非可喜可樂之事哉？

上庠畢業，抱無尚之期望，盼備員而為師。執鞭授徒，培濟濟之多士；呻篳傳道，化青青之子衿。從容以盡其聲，相說以解其惑。作育英才，化民易俗，是逍遙之遊樂，何蹙蹙之有哉？然而時運不齊，命途多舛，值國家艱虞之會，正人才騰湧之時。余既乏貴人拔擢千鈞之力，復缺說士游談三寸之舌。是以屢效毛遂之自薦，輒遭校長之謝絕。高中即無由以自達，國中又閉門而不納。滿腔熱血，方沸騰以滾流；多次蹭蹬，將潑澆而殆盡。

夫栽培至難，毀拔至易，前賢以植楊為喻，能不令人歎息哉？懼井渫而莫食，畏匏瓜之徒懸。故嘗終日以思，通夜不瞑。以為國家之樹人，宜先導其前路，愛才若渴，說士能甘，收瑰奇於巖穴之中，振滯屈於繩樞之下。使山無棄玉，海不遺珠，凡士之有一長足采，一藝稱工者，皆宜置之得所，安之以位。涓滴不棄，江海始呈其大觀；土石不捐，丘山方壯其雄偉。豈可不洞察微才，憐惜小善哉？

注：（）內之數字代表創作民國年代

國文教學甘苦談

(60)

竊嘆夫近數十年來，道喪文弊，禮義銷亡，仁德不昌，淫辭惑民，異端並起，學者遐棄徵聖宗經之文，而近習紅樓水滸之書，背聖賢之法言，而崇鄙俚之口語，動輒謗議先哲，標新立異。於是坊肆刊行，無非佻巧卑靡之作，文家所寫，盡屬淺陋無經之談，人才日益消耗，學術日益廢弛，此世人之所同虞，志士之所共嫉也，然而世俗以此相高，淺人據茲自豪，請看文化萬年，竟成沙漠一片，屈平曰：「蘭芷變而不芳兮，荃蕙化而為茅。」又曰：「豈其有他故兮，莫好修之害也。」嗚呼！今人不知好修，以至文化沈淪，是猶蘭芷不芳，荃蕙變茅，屈原悲極而嘆，豈不令人愴然涕下。此有志之士所以痛心疾首，筆伐口誅也，無識之人則隨俗浮沈，人云亦云，青青子衿，日習其風，樂佻巧之文字，棄經典之矩矱，是猶曲士拘虛，難語大道者也，文學低落至此，為師難於起衰，每言及聖賢理道，則以為迂腐而無補於用，言及先哲傳記，則以為難曉而徒費時日，告以文字正寫，則曰：「簡」消而「本」繁，何必捨簡而趣繁，告以典雅之文則曰：「今易而古難，何必舍今而就古？」於是尚書大傳「淫淮列別」之辯，呂氏春秋「三家己亥」之疑，層出而不窮，屢見而不鮮，雖窮全力以改正，仍戛戛乎其難也！孟子曰：「一齊人傳之，眾楚人咻之。」余所謂國文教學之苦者一也。

學子程度參差，賢與不肖雜處，聞一知二者有之，舉一不能反三者有之，夫善學者，勤奮而功顯，為師受業解惑，常抱無隱之誨，子衿質疑問難，每知攻木之序，故諭之以簡易，則不能饜其求知之慾，告之以太深，則平庸者望塵而莫及，夫平庸者，如夏蟲之知暑，不能語寒冬之層冰，而又秉性粗劣，不喜文藝，好勇鬥狠，睚眦見憎，雖出一朝之忿，而盡力排擠，幾如九世之仇，日日隨俗習非，時時言不及義，告以為人之道，既扞格而難勝，諭之讀書識字，亦勤苦而難成，於是九年受教，仍屬文盲之人，一出校門，或成游蕩之輩，為師見此，於理何安？於心何忍？然而責之不可太甚，如雷霆之震草木，威怒雖盛，而歸於欲其生，求之不可太苛，如父母之譴子女，鞭撻雖嚴而不忍致之傷，柳子厚曰：「種樹者愛之太殷，憂之太勤，雖曰愛之，其實害之，雖曰憂之，其實讎之。」余所謂國文教學之苦者二也。

至若濟濟學子，聚鄉里之俊彥，烺烺成韻，聞弦歌於旦夕，余則傾囊而授，循循善誘，雖不得中行之士，以授聖賢之大道，但尚可得狂狷之徒，以論章句之法則，批改文章，苟義有重複，則雖愛必捐，若文有不足，則勤於補綴：以言其所未言，而芟其所贅述，豈非人生之樂耶？退而講求典禮，諷誦詩書，每至夜分，情忘厭倦，期能攻破萬卷之書，以樹天下桃李，孟子曰：「得天下英才而教育之，一樂也。」此余教學之樂也。

屈平曰：「民生各有所好兮，余獨好修以為常。」國文教學，雖苦樂參半，然而，教學相長，正好修之資也，余又何苦之有乎？

自述

民國六十三年報考文大中研所，見賞於潘師石禪之作 (63)

余以耿介之志，出塵之想，俯仰於文藝之場囿，沉酣於經史之府庫。固欲載躍飛騰，以著凌煙之像；青雲直上，以博絲竹之榮。多年切磋，始悟開卷之有益；幾度攻玉，方知學問之無窮。故而蹞步是積，寸陰是惜，時美匡衡之鑿壁，更慕季子之引錐。不以窮約而趨俗，不因困乏而改操。然而俚鄙庸俗之流，褊淺愚陋之輩，情偽溷濁而不清，是非殽亂而未察，動輒毀先生之法言，崇里巷之淫辭，立異以鳴高，逆情以干譽，譏余為冬烘固陋，責余為矯俗求名。噫！斗筲之人，何足議哉？此余大學生活之概況，足資敘述而紀錄者也。

嗣以空疏，備員為師，叨陪於教育之林，從事於百年之計。授業解惑，為師抱無隱之誨；質難問疑，子衿知攻木之序。教學相長，亡敢怠荒。然而教則有困辱之感，學亦有不足之慮。於是求知愈篤，立志彌堅，手不輟披於百家之書，口不停吟於群賢之文。既喜嘉謨之陶情，復樂文章之怡性，故而汲汲以遵先哲敦品之鑿枘，日夜以求前人綴述之矩矱。庶幾文章見重，不必託乎飛馳之勢；立言聞名，不必假乎良史之辭。然以獨學無友，常有「孤陋寡聞」之失；啟發乏師，恆憂「苦學難成」之患。故有棄燕雀小志之心，慕鴻鵠高翔之懷，渴望陪侍於八斗之側，以分享五車之藏。然而巍巍黌舍，有「數仞」之高；淺隘吾學，無「及肩」之牆。雖竭志慮以追尋，終無蹊徑以自達。宗廟之美，難親覩以曉目；百官之富，無榮幸以饜飫。孫山末榜，望之猶生羨慕之心；劉蕡下第，對之尚有愧怍之色。悲哉！日月逝於上，體貌衰於下，「而立」之年，忽焉已至。半毫無成，美志難伸，而又屢試不第，望門興嘆。今之握管，無限倉惶，誠有臨歧悵惘，不知所適者焉！

昔孔門論志，尼父有「與點」之譽；左公視學，可法獲「面署」之舉。嗚呼！螢覩朝而光滅，露見日而迹消，時過而後學，則勤苦而難成。余作斯文，雄心萬丈，亟盼曾點之事孔子，可法之遇左公也。

祭總統　蔣公文

(64)

維中華民國六十四年四月十六日，中國文化學院中文研究生陳松雄謹以庶羞清酌之奠，上祭於故總統　蔣公之靈前，曰：

嗚呼！宇宙萬流，仰日月之難踰；雷雨三更，泣龍馭之已賓。環區銜恩，望高山而倍戚；薄海慕範，履景行而增痛。涼陰掩軒，待熙熙之無期；愁雲當戶，宗皜皜以何年？

恭維總統　蔣公，聰明異稟，文武兼資。道崇東魯，纘往聖之統緒；志繼中山，賡絕學之薪傳。藏修息游，知行之說宏彰；切磋琢磨，主義之理丕闡。露頭角於英年，蜚令譽於早歲。當民國之肇造，值政局之多艱。嚴修戈矛，除夏甸之妖氛；大渙絲綸，安神州之義民。自西徂東，所過皆化，由南而北，無思不服。重結土崩之功，凌駕於少康；再固冰泮之德，冠絕夫光武。當擾攘之方定，值寇焰之旋張。血腥瀰漫，人懷鋒刃之憂；烽火頻傳，國臨離析之危。公義不受汙，忠能奮誠，戢鯨蠶於既張，復河山於已讓。報怨以德，垂隆恩於三島；救民以仁，被聖功於九歌。來蘇之望允塞，配天之業勃興。百姓昭明，萬邦協和。騁驥足以開運，執牛耳而司盟。黃圖乍飾，赤禍旋傳，初憑我城，卒毀我室，豺狼髾髾而塞路，虎豹駓駓而逐人。陰霾慘淒，賊姦烏集，九州無寸土之寧，四海有誰何之安？公乃厲精教聚，挽瀾障川，息詖淫之邪說，稽三五之墳典。海濱無閡，萬國尊南面之誼；蓬萊有路，百星環北辰之拱。所謂得道博天下之順，修德來遠人之服者也。況人心思漢，意志逾長城之堅；賊性喪狂，獨夫速天誅之運。越王復國，具薪膽之英風；墨絰承志，有中興之雅望。斯可上告在天之靈，以申必楚之誓者也。

　嗚呼！大行登假，威神如在，聽秘錄而聲聲淚下，讀嘉言而字字心酸。固已八千子弟，共誓填海之忱；五百軍人，咸抱殉島之志矣！在莒之訓，弸蓄火牛之銳捷；除惡之囑，定搗黃賊之巢穴。哀哉！尚饗！

代撰強恕中學校友會爲召開年度大會致各校友書(64)

日月往來，悵歲時之不復；春秋代序，感光陰之難挽。人生於世，寓形百年，常觀日月之陰晴圓缺，而生悲歡離合之情；隨春秋之物換星移，而有喜怒哀樂之念。故今之握管，不禁悵然，憶往日之聚歡，傷今朝之別緒。回首昔年，會聚一室，吟詠成韻，不已於晨昏；玩樂嬉戲，無阻於風雨。每當群聚郊遊之時，共同暢歡之際，或仰首而詠詩，或臨流而凝神，或奔跳如不羈之馬，或翱翔如出谷之鶯。家長稱為「生龍活虎」，老師許為「後生可畏」。瞬間數載，多歷年所，栩栩情景，彷彿如昨。當年之歡樂，未嘗忘懷；昔時之言笑，尚猶在耳。今也各事

37　代撰強恕中學校友會為召開年度大會致各校友書

所業，奔走前程，「春秋變化多」「日月拋人急」，韶光蹉跎，歲不我與。曩昔之情狀，歛跡而難尋矣！

本年四月十日為母校廿五週年校慶，校友會餐敘慶祝，藉以敘談往日之歡娛，今朝之離緒，祝禱母校之欣欣向榮，告慰師長之殷殷期望。重溫舊夢，還我天真，互訴心曲，各話家常。如嬰孩之再投慈母，群鶯之重回舊林，陶陶之樂，融融之歡，豈尺素之所能盡其狀，寸管之所能寫其情者乎？

與友人論《陸宣公奏議》書

(64)

竊聞君有聖昏，臣有賢佞。若聖賢之契合，則相匡以致理；使昏佞之同時，則交欺而虧化。故湯武雖聖，興於伊呂；桀紂迷惑，亡在失人。齊桓用管仲，果尊王而攘夷；二世任趙高，終毀柄而殞身。是知君為元首，臣為股肱，同體相須，共成美惡者也。宣公奏議，論之綦詳。

爾來國人侈心蕩慾，輕忽樸素之美；民性好狠爭強，不知檢束之益。則前修之言論，或為楷式之金科，若宣公之奏議，聚古今之精英，實修身之範本。

夫唐宰相陸贄，才本王佐，學為帝師，辭富山海，字值千金。但仕不遇時，值德宗之頑固；運屬維艱，當天下之擾攘。知世風窳陋，每起匡時之心；覩政治頹唐，常發挽瀾之計。秉要執本，言不離於道德；據古御今，文必師乎經誥。上達君心，下通民志。見稼穡艱難，則議請薄賦；察征戍勞苦，則奏言息兵；聞君臣猜嫌，則陳布誠之要；觀高卑限隔，則申通情之理。憂朝廷聚斂，則直道尚廉之義；懼人心離散，則罄書罪主之詔。庶格德宗之既非，扶國家之將傾，使政通人和，朝清道泰。故以激切仗義之心，陳悃欵朴忠之詞。披瀝之誠，傲松竹而彌高；錦繡之文，方風雅而逾切。可謂蓄素弸中，散采彪外，亮節化俗，真骨凌霜者也。但事有要而似迂，理有是而似非。臣之盡忠，常竭鯁直而怫心；君之聽言，每甘諛詐之從慾。嗚呼！宣公以世出之才，吐治平之計，貞犯昏君之怒，直嬰柔龍之鱗。雖誠同化碧，難復李唐將崩之邦；忠比剖心，靡振長安已沮之氣。是以障川乏策，橫槊誰歌？通經達政，不能伸志於廊廟；直道事人，果見貶黜於忠州。蘇軾云：「使德宗盡用其言，則貞觀可得而復。」豈溢美之論哉？

昔馮唐論頗牧之賢，則漢文為之太息；魏相條晁董之對，則孝宣以致中興。故時雖先後，道實一源。知本乃能通於變，學古所以行於今。夫六經三史，乃達本之載籍也；諸子百家，是稽古之書辭也。但聖言幽遠，末學支離，譬如山海之崇深，難以一二而推擇。若贄之論，開卷了然，聚古今之精英，實治辭之龜鑑。夕誦之於心，可啟睿知之高明；朝施之於事，必成治功於歲月。則唐虞之清泰，貞觀之理安，不勞神費力，唾手可得也。余一介書生，萬里鵬志，固欲學古以御今，弘道以濟人，幸得名師之雨化(按：本師考試委員華仲麐先生對陸宣公奏議了悟最深，提倡最力，余受教門下，藏修息游，如春風之沐，若時雨之化，於今十年矣！)，側聞經世之多方，宣公之學，研之尤精，今接來函，必欲一反，故聊獻芻蕘，庶盡鄙見，願博察焉！慎擇焉！取其奏議而反覆熟讀焉！擷其精華以之修身焉！必或無足觀採，捨棄非遙。

《陸宣公之政事與文學》自序

(65)

夫聖明之君，悉心輔佐，昏暗之主，敝屣良弼。故禹湯尚賢而勃興，桀紂失眾而忽亡。惜乎！唐宰相陸贄，才本王佐，學為帝師，以悃款朴忠之誠，守正疾邪之操，仕好諛惡直之君，當士崩瓦解之世。是以政或有缺，巨細必陳，秉要執本，言不離於道德，據古御今，文必師乎經誥。上達君心，下通民志。見稼穡艱難，則議請薄賦；察征戍勞苦，則奏言息兵。，聞君臣妨嫌，則陳布誠之要；觀高卑限隔，則獻通情之言；憂朝廷聚斂，則直抉尚廉之義。懼人心離散，則大書悔禍之詞。庶上格君心之非，下通天下之志，使政通人和，道泰朝清。但鑿枘不合，冰炭難入，初罹多難，猶屈意以聽從，後逮小康，遽追仇而疏間。於是才遭奸宄之深忌，忠嬰人主之逆鱗。雖誠同化碧，難扶將傾之邦，忠比剖心，難振已沮之氣。是以障川乏策，橫槊誰歌？論奏數百，盡晦蝕於建中貞元之際；勸講再三，迺發揮於元祐淳熙之盛。觀其高邁之行，剛正之節，經國成務之要，激切仗義之心，平朱泚之奇勳，收二京之鴻烈，豈徒以翰墨為勳績，辭章為君子哉？

然宣公體淳濡之資，具才人之筆，雖竭慮於宣昭政教，光贊大業，猶不忘博覽經文，意存辭章。目之所見，輒誦於口，耳之所聞，常刻於心。用能灑翰成奏，思似有神，倉卒下詔，文同泉注，引故實於墳籍，肅然如見聖賢之面，辨時事之得失，栩焉若聞黎庶之聲。故知宣公暉映三才，發皇萬有，摧古揚今，雄文藻思，抒慧珠於須臾之間，鎔經典於倥傯之際，莫不辭達理舉，情文並茂，雄辯敵四海之鋒，曲盡贏百姓之淚。加之發揮以形容，則聲如金玉之振，錯綜以潤色，則采若琬琰之章。鑒周日月，妙窮幾微，使人味之，亹亹不倦。翰苑共仰，如江河之常存，徽烈同尊，似日月之永照。所謂志足而言文，情信而辭巧，宣公之奏，固文章之鳴鳳。詞林之雕龍，郁郁菁菁，豈與政事相妨害哉？

觀夫歷代之將相，古今之學人，或奉時以騁績，或獨善以垂文，其能積行彌中，散采彪外，直道正辭，昭賢塞違，貞固足以濟世，才略足以匡時，言則成文，動則成德者，秦漢以降，蓋不多見焉！子房智敏而辭拙，賈誼才高而術疏，固非陸公之儔匹，鴻儒之實學也。諸葛公當擾攘之世，出處關國家之運，范希文仕差隆之時，憂樂以天下為心，其忠肝義膽，嘉猷良謨，固足與宣公並轡而爭驅，齊足而競馳。然宣公事多疑之主，馭難馴之將，秉至誠以體國，獻忠言以救失，不負天子，過雖小而必諫，無愧所學，意雖微而必達。是以名章警句，隨處間出，麗辭雅義，絡繹奔會，高猶青松之拔灌木，潔若白璧之映塵沙。抑且處境之艱，用心之苦，殆非諸賢所可同日而語矣。

余既雅好辭藝，復酷愛政理。宣公奏議，甑澤無厭，論其政事，既輝煌而卓著；評其文學，亦華茂而昭章，所謂聚古今之精英，實治亂之龜鑑者，吾安得不錐骨以鑽研，鐫思以綜述哉？然率爾成書，謬誤難免，尚祈博雅，不吝指教。

陸宣公之政事

(65)

夫國家之盛衰，政治之隆汙，百揆否泰之關鍵，四海困達之樞機，雖曰天命，豈非人事？故《易》舉「視履考祥」之教，《詩》發「慎明爾德」之詠，《尚書》直言「天聽自我」之義，《春秋》高標「禍福唯人」之箴，皆所以謹敕其事，務求興隆者也。是以周武剋殷，十人同德而成功；商紂違道，億兆離心而傾命。政事理亂之機，關乎國家興亡之運，其間息息，豈止唇齒之喻已哉？

嗚呼！宣公碩學閎識，度越眾流；景星慶雲，照耀一代。忠心體國，悃誠事上。潤色鴻業，斟酌大猷。欲挽一時之頹風，興當日之治化。廣亭育於陶甄，海無遺珠；盛招延於吐握，事無漏策。輝趙衰之愛日，惠洽八荒；沛傅說之甘霖，澤溥四海。然入朝見嫉，為書有掣肘之憂；居高易危，舉步有躓足之患。既逢猜僻之君，又遇苟且之時。群僚習玩於久安，百吏循緣於積弊。僻戾奸偽，普天興亂賊之妖；顛沛擾攘，出地兆崩析之釁。惟公獨任勞怨，慷慨障挽。濁浪排空，萬丈峙中流之柱；積雪壓地，窮冬保松柏之姿。屈大夫之騷賦，指天為正；諸葛公之書表，誓死銘心。猶復披肝竭誠，冀挽狂瀾，但盡臣節，遑恤其他。比干之死爭逢映，縱剖心而何辭；伍員之直諫罹咎，雖抉目以奚傷？

嗚呼！宣公才高心實，不得其主，是以氣沉雄而莫展，心侘傺以誰知。嬰板蕩之橫流，窮且益堅；遭奸慝之深忌，摧而不折。其安懷百性，昭示儀軌，則張仁讓之懷，旌義正之節，據典訓之良規，循憲章之令法。其治邊馭將，整軍經武，則勵精剛之操，養浩然之氣，同士伍之勞苦，博行列之歸心。其制誥奏議，則洋洋辯道之篇，提要而鉤玄；其警世嘉言，則杰杰哀時之論，中肯而入木。溯源百代，謨烈踸踔於行間；籠罩千秋，袞鉞砰訇於字裏。言治術則政經文武，服人唯儒效之彰；錄勳績則平亂收京，衛國必恩威之濟。嗚呼！道雖在我，宏之在人。蜚蝗竟天，農稷不能善稼；奔車覆轍，孔孟亦廢規行。若宣公者，可謂驥足未盡躍其步，鵬翼未盡展其程者也。然典型尚在，茂勳永垂，貽後世以政理，激百代之共鳴者，豈非識治之良才，經國之棟梁也哉？

陸宣公之文學

(65)

夫宇宙萬象，紛纔雜沓，聲色備而犬馬異形，炎涼分而水火殊勢。仰觀俯察，動植皆文。龍鳳有藻繪之美，虎豹具炳蔚之姿，雲霞之色，耀七彩而絢爛，草木之華，呈百媚而爭艷，無識之物，既郁郁而有采，含靈之類，豈默默而無文？是以人稟七情，煇麗萬有，觀日月之經天，而天文生焉，察山川之鋪地，而地文形焉，垂象之徵既著，含章之事聿宜。羲繩之前，飛葛天之浩唱；媧皇之後，拨叢雲之奧詞。唐堯文章，煥乎為盛，周監二代，郁哉可從。尼父鎔經，振木鐸而聲響千里。諸子述道，成規矩而範示百代。屈宋多才，御蘭芬於楚騷；遷固博贍，耀文筆於史漢。曹王馳建安之體，阮嵇標正始之音。潘陸高華，奏雅詠於晉世；徐庚雕鏤，騰儷體於南北。於是麗句與艷辭並流，偶意共雅韻俱發。可謂洞性靈之奧區，極文章之骨髓者也。是以經典樹盤固之根，史籍載宏博之故，諸子窮深奧之理，文集修雅麗之詞。流彬彬之風采，垂郁郁之聲華。豈非才士取式之基，墨客鎔裁之源哉？

宣公有唐名相，千古鴻儒，學比山成，辯同河瀉。智足以洞釁於機先，明足以察變於未兆。稟忠藎之性，富王佐之謨。然生逢世局迍邅之日，時際戎馬倉皇之間。一身任天下之勞怨，滿腔懷匡濟之雄心，故時或有弊，洪纖必縈於懷。政或有缺，巨細必宣於口。或敷發制誥，慰百姓徯后之怨。或屢上奏疏，表群黎待蘇之殷。或論推誠納練，或談用人聽言，或察及征戍之勞苦，或憂乎稼穡之艱難。莫不含晁度董，超終邁賈，精騖八荒之表，心游萬仞之高，可謂志在匡濟，憂時憂國者也。

宣公沈眈墳典，酌雅以富言；廣涉載籍，據事以類義。精邃理道，讀子呑九流之要；雅嗜綈緗，學文明百家之法。簡牘連雲，富逾曹氏之倉；圖書壓架，不減杜家之庫。用能旁推交通，萃斯博雅，擷先賢之辭林，酌前修之筆海，鑄炳煥之豐采，發鑑鏘之雅韻。六轡在手，騁千里而不勞；杼軸藏胸，馭百章而不亂。上探理道之源，下定詞章之律，寫兩儀之輝光，為天下之木鐸。又於複筆之中，寓單行之氣，揮翰則毫豐而腕勁，吐辭則骨騰而肉飛，篤摯曲暢，崴蕤其章，可謂墨海之洪濤，文峰之鉅嶽者也。論其政事，既輝煌如彼，語其文學，又雅麗如此，宣公豈徒以翰墨為勳績，辭賦為君子者哉？

「德本財末」與「富而後教」論

(66)

竊聞作法於涼，其弊猶貪，作法於貪，弊將安救，示人以義，其患猶私，示人以私，患必難弭，是以古聖賢之告誡士人也，賤貨而尊讓，先德而後財，宏清淨無欲之風，倡慈儉不貪之寶，夫豈忘其欲賄之心哉？誠懼賄之生人心而開禍端，傷風教而亂邦家耳。蓋士之處世，言行昭昭，成己成物，道德副天下之雅望，樹木樹人，學問博眾庶之欽仰，其行以德為本，則世人不違於仁義，其心以財為主，則世人必耽於欲利，言行之間，影響不差，未有士人遠利尚廉，而庶民不擬其風者也。是故化民成俗，蒸為習尚，陶鑄一世之人，轉移一時之風，承聖賢之遺教，曉後生之耳目，是士人之重任，而不可不尊其瞻視以成之者也。使士人而言利崇貨，則庶民踐履步趨，相覬以貨，相賂以財，率是以行，觸類而長，天下皆言利，而禮義蕩然矣！慾望之火熾盛，浸漁之害滋萌，窺覬之心縱橫，爭奪之禍蔓衍，綱紀圮壞，德化陵夷，非止傷風敗俗之弊，亦有不戢自焚之災，雖有周召之才，恐不能復錯也，其為禍災豈小小者歟?水流濕，火就燥，易道所標，無感不應，聖賢告誡士人，若以財本德末，則弊端叢出，災禍駢至，故孔子曰：「士而懷居，不足以為士矣！」又曰：「士志於道，而恥惡衣惡食者，未足與議也。」此之謂也。

至若黎元百姓，蚩蚩庶民，夙興夜寐，唯務衣食所安，出作入息，但求家給人足，是以順天之道，分地之利勤謹自躬，奮力自勉，所以求生活之安適，經用之豐贍者也。夫民安而財贍，則本固而邦寧，然後為宗廟社稷，建不傾不拔之永圖，為子孫黎元，垂可久可大之休業，國可得而治，民可得而有。是以賈生有積貯之疏，晁錯倡貴粟之議，聖人立富庶之教，賢君廣食貨之術，導以厚生之業，勸以稼穡之功，皆所以重其根本，處厚居實，廣開資源之道，敦崇富裕之法也。蓋貨利資財，百姓依為安宅，經濟器用，眾生恃為良田，百姓離其安宅，則觚然有旦夕之憂，眾生失其良田，則惴爾有饑寒之患，夫腹饑不得食，膚寒不得衣，則禮義不明，榮辱不顧，雖有嚴刑峻法，不能止其為盜，明君慈父，不能勸其為善也，是以聖賢倡厚生之道，主富民之說，使人人擅無窮之福祉，家家守豐普之蓄積，然後以治則民從，以教則民聽，國富法立，令行禁止，豈不休哉？管子曰：「衣食足而後知榮辱，倉廩實而後知禮義。」孟子曰：「黎民不饑不寒，王道之始也。」此之謂也。

故知古聖賢以德本財末告誡士人，而復對人民主張富而後教，二者之理非唯無矛盾鉏鋙之處，並有相得益彰之美焉！

清江黎意伯先生八秩壽序

代章師斗航撰
(67)

歲在丁巳，月維無射，恭逢吾學兄清江黎意伯先生八秩攬揆之辰，先生襟神俊茂，識度淹通，英敏而沈毅，嚴肅而恢宏，秉耿介拔俗之標，養精剛無畏之勇，功成百戰，直搗匪偽之虛，謀蓋群倫，屢安桑梓之堵，允文允武，矢勤矢勇，冬日夏日，可愛可畏，風雨如晦，峙中流之砥柱，松柏後凋，保歲寒之英姿，持志養氣，人仰凌霄之竹，除暴安良，眾被噓枯之恩，任重不撓，槃槃棟樑之材，時窮靡屈，凛凛廊廟之器，慕春秋一統之義，勁節彌高，為社稷九廟之安，精誠迺見，積仁絜行，處涅不緇，太史公所謂善人，屈大大夫所謂清士，此先生立功立事，為國干城之時也。

及其退職請老，營賈為主，晨興入肆，躬盥濯之鄙事，暮歸教子，盡拊畜之天職，是以粲粲其冑，灼灼呈華，敦詩說禮，教蚤趨於鯉庭，修德崇智，聲浸蜚乎龍門，巍巍挺幹，謝家之寶樹猶青，熊熊耀光，張氏之銅鉤尚在，先生功在社稷，知德望之素尊，慶流息胤，宜康泰而多祚。

茲惟佳日，壽域宏展，書稱五福之瑞，慶啟洪範；詩詠九如之祥，鳌延天保，斗航情殷祝嘏，心喜稱觴，爰效張老之禱，用申魯侯之頌，天廚有容，滿貫王母之桃實，壽考無疆，爭榮莊子之椿樹。是為序。

三十而立話「育達」(67)

比來吾國工商發達，呈一日千里之勢；技藝精進，有瞬間萬變之奇。工廠林立，器物之製造不息；公司蠭起，國際之貿易無閡。是以財貨山集，商務雲蒸。此學子所以潛心商學，暢食貨之川流；才士所以篤志貿易，防金銀之閭洩者也。

本校順世界之潮流，得英才而教育，兢兢業業，夕惕若厲。敦聘宿學，崇師儒之陣容；嚴行考核，重青衿之質量。憤啟悱發，良師之誨諭無隱；切磋琢磨，學子之攻木有序。三十年來，卓然有成，濟濟多士，壯校門之巍峩；灼灼英華，增商界之欣榮。為經濟騰湧之機，致深切著明之效，此世人之所共知，亦商界之所交口讚譽也。今值三十年校慶，僅撰茲文，以誌其盛焉。

三十年前王創辦人兼校長廣亞先生有鑒於吾國工商之潛力雄厚，經濟之發展可期，國家之用人必殷，商界之求才益切。於是秉耿介拔俗之標，有匠心獨具之見，創建本校，作育英才；奮勵宣勤，夙夜不懈；恢廓襟期，推成己成物之言；覃宣雨化，抒樹木樹人之志。三十年來，德業昭彰，論規模則臺北桃園分為兩校，談教育則方法精神本屬一貫。是以造就英才，陶鑄多士，啟貿易維新之機，導社會繁碩之運。其有裨於國家經濟者，詎不重哉？原其成就，如此卓卓，豈非王校長獻身教育，培養菁英，抱任勞任怨之精神，百折不回之毅力為之鼓舞感召哉？

若夫本校制度之建立，歷三十載而健全無瑕；規章之釐訂，凡二萬人皆謹守勿失；教務則課程之安排，研究會議之召開；專題報告，竭教師之長才；學業競試，校青衿之程度。是以藏修息游，學子既獲益以居多；憤啟悱發，師儒亦因材而設教。精神蓬勃，厥修乃來，此教務制度之健全，有益於教學者也。訓導則管教合一，恩威並濟；獎懲辦法，開誠布公，功無小而不獎，過無微而不懲。是以逆師廢學之徒，無以飾其非；樂友信道之輩，得以展其才。所謂長善救失者，訓導之功也。總務則各項建設，統籌全局，教師福利之照顧，教材設備之購置，師生旅遊之籌劃，各項事務之協調，皆循一定之軌跡，不偏不易者也。輔導則更為本校之要務，蓋育達學生多能自力更生，半工半讀，學以致用；實習觀摩，相得益彰。是以飛書馳電，商界之求才孔急；韞玉待價，學子之謀職踴躍。輔導處則觀察諸生之舉止儀容，審問其興趣能力，然後依登記之序，而推薦其就業。故育達諸生，服務各界，多能敕慎其事，不廢所學，深通貨殖之術，獨抱經濟之才，為多方之禮遇，受世人之讚揚。推其原因，豈非學校制度之健全，而學生深蒙其澤哉？

至若本校之教師，量雖多而質亦高，可謂陣容堅強，罕有其匹者也。蓋本校教師之進用，皆採甄選方式，以筆試考其學識程度，試講測其表達能力，然後優者必禮聘而重用，劣者必委婉以拒絕。是以學精者得以為師，識寡者必望門而歎，故本校專任兼任，教師雖多，而人人興趣盎然，樂於教學生涯，時教則傳其正業，退息則課其居學，如此師生融洽，相悅以解，師嚴道尊，民知敬學，可以力促儒效之宏彰，而奏良師興國之功焉！

又若學校規模之大，學生數量之多，在全國中等學校中，殆無出其右者矣！雖非盡屬英才，罕譬而喻；然經本校術德並重之誨諭，實理無偏之陶甄，一簣不遺，效蛾子時術之勤；蹞步無荒，競駑馬十駕之功。咸能盈科漸進，深造有得，從事貿易，恢綽裕如矣！

孔子云「三十而立」，育達創校三十年來，由於創辦人任勞任怨之創校精神，學校完善健全之行政制度，教師碩學閎識之堅強陣容，子衿術德兼修之求學精神，於是校務蒸蒸日上，水準節節升高。品物咸亨之理，有待育達而闡揚；乾坤不息之機，有待育達而賡續。其間容或有不如人意者，然黃河萬里，雖挾泥沙以俱下，終不能掩其精采，阻其奔勢也。今值三十年校慶大典之宏開，僅撰三十年來之成果，公諸世人，亦以此為校長壽，為育達師生壽。

學詩有得

(67)

余性本倜儻，篤好風推，優游於文藝之場囿，沈酣於經史之府庫，多年切磋，始悟開卷之有益，幾度攻玉，方知學問之無窮。然於詩學之鑽仰，謳吟之技巧，雖竭盡綿薄，以思無益，甚而旁皇歧路，莫知所歸。於是詩理闇而不明，詩才鬱而不發，情動於中，每憂志往而神留，言出於口，恆患辭亂而律乖，殫慮鐫思，不肇半章，含筆腐毫，難竟全曲，此文人之遺憾，豈才士之用心哉？幸得名家之指導，無隱之誨教。余則沿波追風，每知攻木之序，日所接聞，皆深潤之雅言，時所接誨，皆聖賢之理道，受教以來，兢兢業業，不敢毫末之輕心，不敢須臾之怠志，藏修息游，既獲益以居多，切磋琢磨，亦增華而匪淺。如探明珠於合浦之淵，而耀驪龍之夜光，採美玉於荊山之岫，而翫連城之尺璧也。

若夫宇由萬象，紛濃雜奢，聲色備而犬馬異形，炎涼分而火水殊勢，龍鳳有藻繪之美，虎豹具炳蔚之姿，雲霞之色，耀七采而絢爛，草木之華，呈百媚而爭妍，泉水石上，發冷冷之聲響，好鳥枝頭，嗚嚶嚶之和韻，無識之物，既郁郁而有采，含靈之類，豈默默而乏情？是以生民感物，勃然起興，仰山有巍峩之志，憑海生曠茫之心，逢春則情懷豫悅而暢達，值秋則思慮陰沉而深遠，嘉會之合禮，離群之幽怨，壯士之解佩出朝，佳人之盼倩入侍，非陳詩不能展其義，微長歌何足騁其情？是以虞夏之前，世風尚質，而黃帝有斷竹之歌，虞舜發卿雲之詠，商周以來，斯文郁郁，國風見里巷之情思，雅頌明王政之興廢，淵源所自，斯固性靈之奧區，沾溉靡窮，實極文章之骨髓，屈子之奇文鬱起，抒忠憤而含悲，驚才風逸，鑄偉辭而傷情，固雅頌之博徒，辭賦之英傑也。武帝崇禮，始立樂府之名，蘇李贈答，方著五言之目，班姬之怨歌，依然楚辭之遺音，張衡之四愁，實肇東京之長句，子建才高八斗，詩成七步，始變樸質為高華，極盡悲涼而慷慨，引商刻羽，猶聽音樂之琴笙，吮墨懷鉛，咸抱篇章而景慕，陸機尚規矩而開排偶於前，沈約重聲律而踵軌塗於後，尺尺寸寸於八病之中，斤斤兩兩於四聲之內，近律於焉初肇，達此始可言文，工部得沈鬱之奇骨，無愧詩聖之大名，太白以自然為宗主，用來詩仙之盛譽，東坡之左抽右旋，奔如天馬之脫羈，山谷之規矩造語，妙似裁雲以縫月，遺山之興逸遒勁，筆力堪稱雄邁，思肖之隱避象徵，寄託可謂遙深，公安派之俚俗，預為詩學之末流，王湘綺之模擬，果屬舊體之殿軍，此時運之交移，質文之代變，原本以達末，御古而知今者也。

至如百節成體，共資榮衛，章句為篇，乃見意旨，詩總數句，文含多章，句無繁蕪之累，始見其精，章靡倒置之乖，乃知其密，為詩作文之術，在鎔裁置位而已，苟榛楛之濟濟，當揮刀以芟夷，使珠玉而合掌，亦雖愛而必捐，若事乖其次，則依源以整派，使群言無棼絲之亂，若義不相接，則尋理以串脈，使兩科無中絕之憂，理既貴於圓備，言亦資乎順序，則上下符契，先後彌縫，擇言者不覺其孤，尋理者不見其隙，然後「翦截化串」之道盡，「起承轉合」之規協矣！

又若倚雅頌而為式者，可以菀其溫厚，馭楚騷而取則者，可以獵其豔辭，酌奇而奇瑰盈篇，翫華而華贍滿紙，故模範前修之作，取則才子之章，可以陶鈞風格，可以鎔鑄法式，百代相循，辭雖古而猶新，詩家競效，塗雖多而一致，是以古製深沈，載籍浩瀚，實詩學用事之奧區，才思琢鍊之神皋也。故棄前人之法式，而欲樹一家之風格，是猶捨繩墨以定曲直，靡規矩而希方圓也？閉門獨造，雖小有成，然寸轄不能制輪，尺樞不能運關，庭間之迴驟，安能驅萬里之逸步哉？是以多摹古製，仿效風雅，運思於鑿柄之中，而用之不窮，措意於矩矱之內，而繹之有條，然後按部以選義，考辭而就班。尋法度而定墨，趨百慮於一致，闢意象而造語，會千態於同型，則詩風騰躍而生，金玉叢雜而至，如錦繡之出於素地，利刃之發於硎石，色采煒煒而欲然，趣味曄曄而更新，此殆成詩之要術，摹擬之首功也。

至於對句偶辭，平仄相諧，斯固情趣自然之道，造化相須之理。夫支體以儷雙而為用，陰陽由相調以適存，天地以對待顯靈，草木以錯比成華，古人擬耳目於日月，方聲氣乎風雷，亦偶意相連，儷辭相隨，偶意儷辭，雖出自然，顧契機者入巧，浮假者無功，倘能琢磨於一朝，可以無慚於千載，若兩言相儷，而肥瘠不同，是策騏驥於左驂，使駑馬為右服，若事本孤立，莫與相偶，是令夔足行萬里，獨臂操弓矢也。故碌碌連辭，徒致耳目之昏，雙雙合掌，將成文意之妨，唯理圓事密，聯璧其章，乃可以耀采而玲玲如振玉，結辭而纍纍如貫珠。故若事不周圓，功必疏闕，與其致患於終，不若改轍於始，然參會事情，推校平仄，動成病累，難悉安穩，如其理無儷偶，調相犯忤，三思不得，足以改張，左礙右尋，末滯討前，不可昧於機變，勞於用心。

及夫詠誦為明詩之首務，集句乃作詩之要訣，多詠誦則平仄瞭然，多集句則格調高絕，平仄瞭然則五音合度，四聲諧協，格調高絕則詞無塵下，字不俚俗。然則詠誦要在博而能精，集句貴乎首尾圓合，若能博覽以精閱，憑情以會通，然後繡文錦字，綿綿輻輳，名章迴句，絡繹奔會，我才之多少，將與前賢而並驅，循是而往，會萃有成，然後去其章句，存其精神，高格雅調，既萌我心，麗典新聲，必出我口，寓目輒書，無非矯健之氣，信手拈來，自屬蔥蒨之采，是乃前賢創調而鑴思，後人遊刃而神遇，陳思之奇骨，我之奇骨也，陶令之精拔，我之精拔也，我之詩才，將隨潘陸而齊美，我之詩格，將與李杜而等高矣！

學詩以來，兢兢業業，殫心竭慮，不敢毫末之輕心，夕惕若厲，不敢須臾之怠志，無以窮約而弗務，無因愉樂而加思，藏修息游，既獲益以居多，切磋琢磨，亦增華而匪淺，學詩有得，特以誌焉。

滿招損謙受益說

(67)

夫天以和光而增輝，地以同塵而加厚，君子闇闇，法天地而日彰；小人皪皪，倍天地而日損。是以君子謙沖自牧，積小德而成大，小人奢泰自聖，毀至道而漸虧。嗟乎！使眾庶胥知修己達人之方，榮觀燕處之法，明道若昧，質真如渝，廣德似不足，巧辯猶詘訥，則優入堯舜之宮域，足登周孔之門室，何有乎石崇之驕奢棄市？何患乎隋煬之暴淫喪國？

是以修己之道，在謙沖為和，居曠而寂廖若谷，處實而不盈如閭，勿伐勿施，抱顏子之遜德，去甚去泰，同老氏之妙道，以至賤為獲貴之本，至卑為登高之基，覆簣以成山，盈科而漸進，從義則安部如轉規，見善則競逐如不及，采匹夫之片才，聽眾庶之一得，虛受廣納，存至精而汰粕，含宏聽聞，取其長而補短，不禦人以口給，不自眩以聰明，不用小慧而方人之非，不以小成而譏人之失，聞昌言則拜而樂遷，知己過則不憚於改，遷善則君子之德日滋，改過則小人之態日消，下而庶民之成敗，上而王業之盛衰，理無二途，粲然可觀。故書稱堯德則有捨己從人之美，數舜功則有明目達聰之譽，序禹之所以興，則曰善拜昌言，述湯之所以王，則曰改過不吝。是以德愈盛者慮愈微，功愈高者意愈下，然後眾美輻湊，如百川之歸巨海，萬流仰止，猶鱗介之宗龜龍，總庶眾之智，以助其聰明，會多士之長，以成其英俊，謙光受益之道，不在茲乎？及代之衰也，道亦反焉，嬴秦德喪於殷周，名竊於羲皞，驕奢荒淫，滿溢自聖，總皇帝之極號，崇至尊之大名，善於自見，而謂己為賢，文過飾非，而師心獨用，據六合之大，統萬民之眾，靡虛己應物之懷，滋嚴刑格人之心，群黎騰謗，既不引咎以自責，義軍蔚起，反欲窮兵而黷武，是以一夫發難，國祚以隳，豪俊並作，秦族遂亡，豈不以持盈而遭損，揣棁而失保者哉？故人諱甚泰，天忌驕奢，唯謙與遜，有補無失，國君以保萬世之業，庶民以垂不刊之範，涵虛懷、躬廉讓，至明也，挫其銳，解其分，大智也，前聖之所以永保鴻名，常為稱首者，達於茲義而已矣！老子曰：「金玉滿堂，莫之能守，富貴而驕，自遺其咎。」詩經曰：「惟彼不慎，自獨俾臧，自有肺腸，俾人則狂。」滿溢招損之理，不甚明歟？

65　滿招損謙受益說

考得失於已行之迹，鑒興亡於已驗之符，虛懷若谷者罔不成，驕溢自聖者罔不敗，多取人長則功多，甚謂己聖則惡積，上而百辟之居官理政，下而眾庶之處世接物，孰自滿而不損？孰謙恭而無益？老子曰：「大成若缺，其用不弊，大盈若沖，其用不窮。」易經曰：「滿招損，謙受益。」斯之謂也！

群經爲文章之奧府論

(68)

夫經者，不易之至道，不刊之鴻教也，如日月麗天，垂兩儀而習常，江河行地，流千里而不輟，百家祖述以爭鳴，萬古憲章而維新，故眾生芸芸，守之而倫理有序，世事紛紛，董之而統秩不紊。彼聖賢之發憤，固四海而皆準，君臣資之以炳煥，軍國因之而昭明，張其羽翼，足使士林之景仰，垂其枝條，堪為文章之大用。故鎔彼曠旨，樂而無荒，自然洞澈性靈，深入骨髓，從容秉牘，如酌蠡水於東海；灑翰成章，若掘簣土於泰山。入蘭遊霧，既獲益以居多；仰天觀雲，亦油然而無畔。譬如萬鈞之洪鐘，發鏗鏘之巨響；不異數仞之宮牆，殷百官之富庶，何則？蓋有盤固之根，方見峻茂之葉；崇深之源，始湧澎湃之流。聖言卓絕，才士取式之根，經典淵懿，文人鎔裁之源，根固而源深，則辭雅而旨豐。是以往者雖舊，韻味猶新，或挹其鴻裁，銜華以佩實；或通其大義，原道以敷章，後進追取而非晚，前修久用而未先，譬猶泰山偏雨，河海潤乎千里；不殊鵬鳥騰空，羽翼垂乎天際。是知聖言固立意之宗，經書乃含文之牒也！故人生處世，藏器待用，立德樹聲，莫不師聖而仰止；建言修辭，豈能離經而臆度？劉彥和曰：「論說辭序，則易統其首，詔策章奏，則書發其源，賦頌歌讚，則詩立其本，銘誄箴祝，則禮總其端，紀傳盟檄，則春秋為根。」是知文有驪淵，則珠玉層出，樹表開疆，左右逢源，騁無窮之路，飲不竭之泉，綆長而無銜渴之憂，足健而靡輟途之慮也，我才之多少，將隨聖賢而驅馳矣！故文能宗經，體有六義，草創鴻筆，亦見三準，履端於始，體位立幹，則情深而不詭，風清而不雜，舉正於中，取類合用，則事信而不誕，義直而不回，歸餘於終，策辭切要，則體約而不蕪，文麗而不淫。故經也者，群言之權輿，文章之奧府，才士耀藻之根，騷人舒華之源，辭富山海，孰曰學無常師，字值千金，何謂言之不文？是以砥行立名之倫，吐鳳雕龍之士，可不頤情志於經籍，罄才思於憤典哉？

若夫易者，窮理知化，入神致用，究天人之際，通古今之變者也。蓋宇宙綿邈，天道遠大，兩儀初肇，陰陽始分，寒來暑往，日更月迭，孳甲群類，亭毒萬姓，傳薪薪以不停，衍生生而相續，所謂負陰而抱陽，沖氣以為和者，殆品物咸亨之理，乾坤不息之機哉！故聖人合其無疆之德，贊天地之化育；效其含弘之光，遵日月之遐被，用能經緯區宇，酬酢神明，延宗社於無窮，樹風聲於不朽，易之為用，豈不博大哉？論其文章也，則或事出於沈思，義歸於翰藻，或發天地之幽蘊，闡陰陽之大殊，皆幾費修辭之意，冀達言外之旨，大而通宇宙萬物之道，小而警國家百姓之心，其理論彌縫，無針隙之可乘，其辭采精密，無微瑕之可攻，非夫三絕韋編，安能窮幽達妙？非夫深涉驪淵，安能取精用宏？所謂鼓天下之動者存乎辭，辭之所以能鼓天下者，非炳煥之篇章，穠郁之文采哉？劉彥和曰：「論說辭序，則易統其首。」斯之謂也。

至若書者，人君制誥之典，左史記言之策，上所以渙發大命，廣敷輝光，下所以對揚王庭，昭明心曲者也。蓋大觀在上，總領樞機，惟貞百度，固結千里，出其絲綸，制其簡書，成典奧之聖旨，為淵雅之勸戒，庶乎百辟其刑，萬邦信服，安可草率於辭令，輕諾而戲言哉？故授官選賢，則義炳日月之輝，優文封策，則氣含雲雨之潤，敕戒恆誥，則筆吐星漢之華，治戎燮伐，則聲有霆雷之威，眚災肆赦，則文有春露之滋，明罰敕法，則寄有秋霜之烈，堯舜揖讓之典，湯武革命之誓，不其然乎？其或展禮事上，昭明心曲，獻體國之忠規，陳安民之要略，固宜以明允篤誠為本，辨析疏通為首，強志足以成務，博見足以窮理，然後獻政陳宜，事必勝任。故知書之於文，嚴謹肅穆，古奧深沈，所謂七觀之說，記言之實，昭昭若日月之明，離離如星辰之行者，非採玉之璞礦，文章之淵泉乎？劉彥和曰：「詔策章奏，則書發其源。」斯之謂也。

又若詩者，志之所適，言之外發，所以舒內心之喜慍，成依詠之歌聲者也。蓋民稟天地之靈，含五常之德，感物蕩情，勃然起興，仰山有巍峨之志，觀海生曠茫之心，逢春則悅豫而情暢，值秋則陰沈而慮遠，嘉會之和樂以行禮，離群之幽怨以悲歌。聘問專對，必文其言以達旨，比興博依，亦設其辭以諧隱，詩之所興，有自來矣！先民之歌，總匯三百，雖屬篳路藍褸之作，已合興觀群怨之旨，其重章疊句，極修辭練字之美，其反覆歌詠，盡一唱三歎之致，其對敘排偶，實開駢儷之基，其字數不定，遠肇長短之句，所謂詩人感物，聯類不窮，流連萬象之際，沈吟視聽之區，寫氣圖貌，既隨物以宛轉，屬采附聲，亦與心而徘徊。是知詩本自然，音律鏗鏘，淵雅以發藻，文譎以立義，溫純深潤之詞，質樸敦厚之風，其搖蕩性靈，感發情志，豈不深遠哉？其衣被文壇，貽厥後來，豈不博久哉？

所謂不學詩，無以言者，三百絕詣，寧非翰苑之至寶乎？劉彥和曰：「賦頌歌讚，則詩立其本。」斯之謂也。

若乃禮者，經天緯地，立體樹本，綱紀百務，雕琢六情，據事實以制範，依道德而定規，懸儀節於神人之際，植矩矱於君臣之間者也。故旁記體履，雜說得失，皆曲盡理論，中於符契，其敘事則該而要，其綴采則雅而澤，精言轉而不窮，至道出而卓立，修辭本立誠之規，鋪藻依簡潔之旨，施於有政，則典章昭列，朝野清泰；告於宗廟，則意誠禮備，神祇降康；行於百務，則庶事精練，物理其本。所謂不學禮，無以立者，豈非敦品之寶典，處世之奇方哉？然其修詞簡潔，鋪藻流暢，聖人執為雅言，固足以拓宇文體，啟發後世者也。劉彥和曰：「銘誄箴祝，則禮總其端。」斯之謂也。

或又春秋者，辨理析義，彰善懲惡，存亡繼絕，補弊起衰，上明三王之道，下通人事之紀者也，蓋夫子閔周室之微，傷天下之亂，據魯國之舊史，本人性之尊嚴，就敗以明罰，因興而立功，表黜陟之宏規，標勸戒之大法，於是春秋修列，亂賊畏懼，聖意卓絕，游夏箝口，賞功則煦如春日之溫，罰罪則凛若秋霜之烈，是以一字之褒，貴踰軒冕之寵，片言之貶，辱深斧鉞之誅，可謂極聖人之用心，為不刊之巨著者也。觀其屬辭比事，文約旨博，道義定名，委婉其說，上明治亂之跡，下通成敗之數，標得失於前驗，舉興廢於已然，莫不用字嚴謹，立意偉特，工侔造化之深，思涉鬼神之妙，所謂「春秋之成，莫能損益」者，彼聖賢之發憤，固金聲而玉振，劉彥和曰：「紀傳盟檄，則春秋為根。」斯之謂也。

學經以降，兢兢業業，半簣不遣，蛾子勤其時術，蹞步無荒，駑馬奮其十駕。固已曉悟群經之大義，探知聖人之用心，劉彥和謂「洞性靈之奧區，極文章之骨髓」，不其然歟？吐鳳雕龍之士，樹德建言之徒，形同草木之脆，名踰金石之堅，非夫宗經，安能達斯妙境哉？

論君臣與國運

(68)

夫國有興衰，事有通塞，君有聖昏，臣有賢佞，使聖賢之契合，則相匡以致理，興國通事之資也。若昏佞之同時，則交欺而虧化，衰國塞事之根也。此百代相循之理，古今一致之驗也。故桓公用賢，果尊王而攘夷；屈子事昏，終見黜而敗績，是知時運之隆替，豈非繫乎君臣之振靡哉？

緊維聖君，承天景命，馭宇內之廣大，統庶民之眾多，威如雷霆，臨下土而博施，惠似甘霖，洽普天而沛降，領覽萬幾，勤吐握之忠心，鑑照群情，開含宏之恕意。是以大臣不敢壅民瘼，私昵不敢干公議，加之一物失所，持憂在躬，萬方有罪，懷咎於己，故道德玄同，人樂輸誠，上下一體，四海歸心，舉動殊途而一轍，言語異口而切符，於是賢臣出焉！所謂不求而自合，不介而自親者，斯之謂也！夫以忠賢之臣，佐聖明之君，則知無不言，言無不盡，上格君心，下通民志，以王室之安危為己任，抱朝廷之隆替而在躬，蘊非常之才，約以純一，守難奪之節，著於艱難，持至公以馭下，強禦必繩，秉直道而事君，險阻無易，施惠足以恤大眾，張明足以昭姦邪，所謂得失不能疑其心，讒搆不能離其交者也。然後赫赫之功著於竹帛，聖賢之名垂乎千古，豈不休哉？

及夫代之衰也，道亦反焉！暴君以智出庶物，輕待人臣，權高位重，獨馭區宇，嚴束百辟，肆縱刑致理之規，威制四方，懷以力勝殘之志。是以才能者不任，忠藎者見疑，夫才能不任，則天下無可成之事，忠藎見疑，則四海無可用之人。於是忠賢懷才而怨嗟，鯁亮趦趄而不前，諂諛之人，承意而趣媚，貪婪之輩，乘隙而弄權，故臣下以頌美為奉職，有司以迎合為公忠，然則昏庸之君，喪國之主，甘阿諛之從欲，憚忠鯁之拂心，以直言為毀謗邀名，以慮士為迂誕驚眾。是以飾偽繁興，而忠貞之人難進，趨競彌長，而廉退之士莫升，狼犬塞路，賢良遠遁，屈原之所以沈湘，樂毅之所以奔趙，比干剖心，子胥鴟夷，蓋由此也。

故人主守天下之公器，執王綱之大權，不可徇以私情，不可任其師心，任師心則忿戾之禍起，徇私情則姦亂之釁生。是以馭宇內之大，統生靈之眾，務在明斷是非，辨識良窳，洞燭物理，曲盡人情，使本末無倒置之乖，百僚有雁行之序，然後懷才蘊用者，稱其位以效計，沽名飾貌者，屏其跡而息偽，率是以行，觸類而長，則舉無敗謀，行無危策，可以建不傾不拔之永圖，垂可大可久之休業，然自昔賢君理代，累世不見，闇主亂朝，比比相屬者，悲夫！

發展工商以裕民生論

(68)

夫欲木之長者，在供其日光養料之所需，思民之安者，在裕其衣食器用之所求，日光養料不敷所需，則葉漸脫而木自萎，衣食器用不敷所求，則神漸傷而命自危，此勢有必至，理之固然者也。

是故聖人之立教也，求庶求富，賢君之制產也，唯均唯和，常以覆育為事，不以括鳩為心，導以厚生之業，勸以稼穡之功，達百貨之流暢，盡萬物之利用。是以家給而國足，事均而令行。然而時移世易，修為異迹，雖愛民之寓意無別，而育民之方術則殊，故今日欲長養百姓，安定其居，務在開其利源，拓展貨殖，使百工駢至，鑄造無艱而不克，萬商雲集，配銷無遠而弗屆。是中國猛進之首務，群黎安樂之要途也，蓋吾國區域之廣大，生靈之眾多，為舉世之所難匹，人類之所共譽，而生活之所安，科學之發展，則難與先進而並驅，隨歐美而齊足。故先進利用以厚生，我國則墨守舊規，歐美經營以造物，我國則坐享其成，於是聚斂積之錢財，以購先進之產物，喪國家之元氣，以殖歐美之厚利，熬天下之脂膏，生人之骨髓，而富異類之家邦，崇他人之國力，甚且畏洋媚洋之念發，自卑自賤之心矣！於是錢財消耗，有如尾閭之洩波，人才外流，不異牛山之損木，有志之士，能不痛心疾首？披瀝之誠，安可拱手箝口？是以昧於忖量，但務竭盡蹇拙，竊謂今日宜大倡科學，宏展工業，惕厲生產，盡用人才，精通理化者，優禮以竭其智，善於操械者，厚遇以罄其能，設置廠規，作息之時限有定，奠立工法，老退之資俸無虞，不掠奪勞工之力，不枉費技師之心，則人樂於事，無苟活暫勞之念，事符於人，無鉏鋙不稱之實，自然智者勞其心，愚者效其力，工業突飛猛進，一日千里之速，產品推陳出新，瞬間百變之奇。自是中國天府寶藏，可以開發而利用；華夏聰明智慧，可以舒展而騁績，自是中國可以成貨，以傲爭西人之利，漢人可以仰首，以趨越西人之行，富豪之人，因開物而邀利；窮乏之輩，乘時勢以興家，則人人擅無窮之福祉，戶戶守豐普之蓄積，工業裕民之論，豈虛道哉？

至若商賈之調盈虛，買賣之濟有無，精研經濟，嚴防暴漲之後果，力倡互助，杜絕兼併之流弊，乃刻不容緩之要圖，正本清源之良策也。蓋工業猛進，產量驟增，貪婪之徒，侈張嗜慾，富豪之家，操縱局勢。或高價以壟斷，或屯積以宰割，有者急賣而耗其半值，無者求價而費其倍酬，則工業之盈餘，集於數人之身，社會之福利，操乎數家之手，天下之品物有限，不軌之蓄積無涯，食一人而費百人之資，則百人之食不得不乏；富一家而傾千家之產，則千家之業不得不空，兼併之徒，居然受利，工人安得足食？國庫安得廣儲？風俗安得不貪？財貨安得不壅？故宜鼓勵商賈，以調盈虛而濟有無；精研經濟，以防暴漲而杜兼併，則搬有運無，暢達所需，物之價格平準，人之交易有據，斂散弛張，與實際而均衡，貴賤升跌，視場情而微調，是產者無蕭條之虞，用者無壟斷之憂，貿易如發流水之源，百姓若處泰山之隱，商業安民之說，豈妄言歟？

夫廣用機器之造物，則工業蒸蒸而日上，采取制度以分配，則商業欣欣而向榮，蒸蒸日上，則表我產物之良多，欣欣向榮，則表我供求之均衡。故工商並盛，則日用不匱，民生充裕，時發「康哉」之歌，國家殷富，常詠「方中」之美，何有乎畏洋媚洋之觀念？何來乎自卑自賤之心理？故發展工商，利用厚生，誠當今之急務，可一日視為緩圖哉？

揚子雲之文學觀

(68)

昔揚雄好學深思，簡易佚蕩，博覽群書，輒構偉采，涯度高恢而出遠，屬意詭麗而宏深，常竭才以鑽研，故理贍而辭堅，善哉！楊子雲以絕倫之才，敏銳之思，猶復好古崇道，博求萬事，自開戶牖，樹立典型，慕昔人金科之辭，壯前賢弘麗之賦，故其才富健雄邁，足以籠罩一時之人，其文雍容典雅，足以垂範後生之慮，憑風舊規，堪稱翰林之高傑，馳騖新作，固為文苑之鳴鳳，摹體定習之論，鎔鑄成器之說，鑿鑿可徵，豈虛言哉？

蓋聞倚雅頌而為式者者，可以菀其溫厚，馭楚騷而取則者，可以獵其艷辭，酌奇則奇瑰盈篇，翫華則華贍滿紙，況又仰山有巍峩之志，觀海生曠茫之心，逢春則情懷豫悅而暢達，值秋則志慮陰沈而深遠，外物且或感人之意，時令有足移人之思，安有先賢之立言，耳提面命，辭家之情采，飛文染翰而不沁人心脾、遺人文律者哉？是以立言而不依則於先賢，則不足以動人之視聽，摛文而不取式於辭家，則不足以耀人之耳目，百代因循，各成體勢，古今相襲，互為師範，捨前人摹字練句之術，棄師傳遺辭謀篇之方，而欲窮高以立表，極遠以開疆，是猶捐繩墨以定曲直，靡規矩而希方圓哉！是以行文之道，務在摹仿，陶鈞之設，則器皿不勝其用焉！權衡之施，則分毫不能致誤焉！無藍則青何由而生？無蒨則絳安得而至，故練青必歸於藍，濯絳必歸於蒨，二者雖踰本色，寧非藍蒨之功哉？是以多摹古製，補綴善篇，運思於鑿枘之中，而用之不窮，措意於矩矱之內，而繹之有條，然後按部以整伍，考辭而就班，尋法度而定墨，趨百慮於一致，覽意象而造語，會千態於同型，則風味騰躍而生，辭氣叢雜而至，如錦鏽之出於素地，利刃之發於硎石，色采熠燿而益美，才鋒發越而更新，此殆馭文之妙術，謀篇之奇方也。不然，文意無窮，人才有盡，以有盡之才，追無窮之意，恐曹公之復生，陸雲之還魂，猶有傷命之憂，困神之歎也，況無二子之才，而又好高騖遠，棄前修必達之軌塗，惴惴乎怵他人之我先者哉？故好學不如求師，求師不如摹範，若能見賢而思齊，參古以定法，則可以耀藻於士林，無慚於來葉，子雲恢宏此道，優游自適，馳騁於幽眇之際，陶冶於大鑪子中，著書立說，以成天下之法，吐納律度，而為百世之師，模易經以作太玄，仿論語而成法言，自比方言於爾雅，擬訓纂於倉頡，冊箴本虞箴之遺意，廣騷為離騷之推衍，皆能刻意規模，後出轉精，蒐獵絕詣，穿穴異聞，會萃百家之長，獨成不刊之作，所謂「習伏眾神，巧者不過習者之門」者，斯之謂也。

詩云：「惟其有之，是以似之。」以有求似，領會神情，然後能自築堂奧，突開戶牖，去其藩籬，獨樹風格。故淺見不能出深旨，俗學不能發雅義，孟堅鎔式經誥，辭取雅馴，故入典雅之域，長卿陳義俊偉，卓爍異采，故成壯麗之體，是以為文之道，無他繆巧，宜摹體以定習，因性而練才，若捨模式之坦途，求風格之奠立，雖玄宰哲匠，亦將茫然而不知所適矣！劉彥和曰：「模經為式者，自入典雅之懿，效騷命篇者，必歸艷逸之華，綜意淺切者，類乏醞藉，斷辭辨約者，率乖繁縟。」又曰：「章表奏議，則準的乎典雅，賦頌歌詩，則羽儀乎清麗，符檄書移，則楷式於明斷，史論序注，則師範於覆要，箴銘碑誄，則體制於宏深，連珠七辭，則從事於巧艷。」揚子雲所以有裁雲縫月之妙手，而發敲金戛玉之奇聲者，豈非好古敏求，摹體定習之功哉。

地理環境與齊梁文學之關係

(70)

夫蘊於中者為情，抒於外者為文，情隨物以徘徊，文因情而宛轉，情致異區，文格斯變。百代之中，詞分南北之勝；千里而外，文成剛柔之殊。朔漠地貧，詞義質直，江淮水深，翰藻纖麗，中原含膇重之質，其人負才而敦厚，楚越秉江海之靈，其人深思而美潔。負才敦厚，故擅記事析理之端；深思美潔，故專言志抒情之體。風雅思歸無邪，繫乎北土凝重之氣；屈宋采入絕艷，肇自南方浮靡之習。文質不同，詞呈南北秋色；輕重悉異，體成詩騷分疆。故知文學之興，氣質是繫，氣質之成，土宜攸關，自來人傑，豈非資乎地靈也哉？

齊梁之時，天下離亂，四海猖披，五馬驚騰，中原淪為左衽之區，南服遂成華夏之裔，衣冠禮樂，漸被江漢之表，藝文學術，廣萃浙閩之濱，風流洋溢，文化日滋，雨潤更新，人才蔚起。益以江南饒雲水之鄉，吳楚多山澤之美，鶯飛草長，百花鬱其芬馥，春和景明，雲霞呈其絢爛，嵩衡巍峨，壯山川之形勝，江淮沉深，騰滄海之波瀾，滋蘭樹蕙，博博芳潔之土，吟風弄月，蒼蒼綺麗之氣，蟬鳴蝶舞，作宛轉纏綿之態，名士青衫，興秋水伊人之思，此江南靈秀之雅，足為才子視聽之區，苟無艷麗之作，何遣宛轉之懷？若非繽紛之藻，焉盡湖川之秀？是以才子詞人，極情以寫物，名夫哲匠，呈辭而追新，桃花綠水之間，常競輕綺之奇，秋月春風之下，每爭音律之巧，比青麗白，腴詞增簡牘之輝，刻羽流商，金聲激笙簧之韻，鏤雲繪月，既表我情之郁，書鳳雕龍，復見我才之高。是以人抱荊玉，家握靈珠，摹景狀物，唯美是崇。齊梁麗辭所以鬱然多采，郁郁稱盛，清麗芊眠，爭艷於春藻，炳煥紛蕤，競潔於秋月者，雖曰繫乎時序，豈非鍾乎地靈哉？

古來文章，雕縟成體

(72)

昔虞廷采色，臣鄰施藻火之繡；周王壽考，詩人美追琢之功。莊周恣縱不儻，尚持辯雕之說；韓非執要見素，猶發艷采之論。是知聖賢書辭，非采而何？立文之道，彬蔚為貴。陸機作縟繡繁絃之譬，蕭統有沉思翰藻之選，於理有徵，豈徒然哉？

自昔載筆之倫，雖重辭采之美，然皆原道以敷章，依情而摛文，非繁富以逞博，綺麗以耀才也。故昔賢之作，艷采隨情思而發；古體之美，麗藻依神理而對。屈宋洞風騷之情，枚賈開辭賦之疆，皆華而不墜其實，蔚而無損於質。馬揚繁類而成艷，張蔡宏富而增華，騁詞之風，肇端於此。建安之際，漸趨清峻之體；太康以來，始開綺靡之端。曹王躍虎步於前，古今稱其文粲；潘陸踵芳塵於後，江海擬其才多。於是秀文嬴質之作，時時而出；尚巧貴妍之篇，處處間起。緣情綺靡，常散靈蛇之珠；體物瀏亮，每見荊山之玉。文運宏開，衣被萬世。南宋以還，顏謝騰聲，儷采百字之偶，爭價一句之奇，極貌寫物，窮力追新。延年尚巧，呈雕繪之滿眼；靈運逞博，積麗典之盈篇。齊梁而降，專事綺靡，刻意逞才，鏤心敷藻。或搖筆塗色，有踰畫工之妙；或濡墨潤筆，不遜錦匠之奇。綺縠紛披於行間，情靈搖蕩於字裡，稽古右文，揚風扢雅，建唯美千里之標，統藝林百世之運。下及徐庾，號為泰斗，鎔裁練字，已達唯美之絕詣；才略時序，實集駢儷之大成。

齊梁麗辭衡論序

(72)

萬物雜陳，綺交以成文章；五情並蘊，鬱發而為歌詠。是以茫茫宇宙，文德與天地並興；渺渺人寰，歌詠隨生民俱始。聖人體萬物之性，通五情之常，原道以敷章，研理而設教，方冊布煥乎之盛，格言溢郁哉之文。抒發情志，無非體要之辭；彌綸群言，悉著立誠之訓。遂為性靈之奧區，文章之樞府。後以諸子奮興，百家並鶩，辭賦鬱起，驚采騰飛。或辨雕萬物，炳曜垂文；或飾窮聲貌，粲然舒華。於是騁辭之術漸精，逐文之風彌盛。建安而降，始肇清峻之體；太康以還，聿開綺靡之風，曹王虎步於前，潘陸鴻騫於後。秀文羸質之作，時時迭出；尚巧貴妍之篇，處處間起。劉宋承運，益形華縟，延年雕繪滿眼，靈運雅麗盈篇，文章唯美之標，煥然揭櫫；藝術至上之論，確乎不拔矣！

齊梁之際，專事鉛華，刻意調律，鏤心敷藻。王仲寶通經敷政於前，典麗之章不絕；孔稚珪好文善詠於後，雕鏤之辭愈精。永明諸子，情韻兼工，王融擅宮商之律，沈約創聲病之說，謝脁才高思捷，堪為藝林楷模，是皆蕭齊之英傑，麗辭之聖手也。暨乎梁世，風氣益開，文物獨盛於往代，辭藝專美於前賢，武帝以睿敏之才，成文無假含毫；昭明秉清俊之資，屬詞不須點竄；簡文神采秀發，文藻輕豔難蹤；元帝才辯敏速，句韻朗麗可誦；斯蕭氏斐然之才，亦梁代傑出之士也。至於文通高華，鑄詞新奇；彥昇博贍，拓體淵雅，並齊世遺老，梁初俊賢。若乃孝標之淒楚激昂，多憤厲哀怨之音；丘遲之委婉盡致，呈雅麗新奇之象；子慎情意真摯，聲采俱揚；叔庠辭氣高潔，一塵不染，皆梁代之文豪，麗辭之大宗也。他如劉舍人之論文敘筆，體大慮周；鍾記室之探源溯流，思深意遠，皆足激盪辭林，沾溉文苑，使千古傳為科律，百代擬其準則者也。至若徐庾之聯鑣並駕，掞藻爭妍，或氣震南北，或情動江關，蓋跨代之奇才，亦麗辭之宗匠，今茲所論，不以略諸！

松雄賦受愚拙，資質中下，然心好麗辭，允執不厭。昔在大學，敬遜時敏，承良師之雨化，慕敬輿之風標。既入高庠，益勤厥修，華師常告之曰：「由宣公上溯齊梁，庶可窺其全體。」高師亦教之曰：「從三唐直追六朝，始能臻於雅健。」受教以來，夙夜匪懈，一簣不遺，蛾子勤其時術；蹞步無荒，駑馬奮其十駕。尋繹先士之才調，則私淑諸人；翫遊名家之藻采，則勉撫遺規。茲遵其指授，撰為此文，名曰「齊梁麗辭衡論」云。溯自撰述以來，前後六載，每竟一節，輒蒙華師改易章句，高師斟酌可否，作育之恩，靡或敢忘，今茲粗成，聊當覆瓿，猶冀鴻博師長，正其瑕疵，則庶乎為學日益矣。

齊梁麗辭之特色——隸事用典之繁富

(72)

夫言語者，所以表心志之聲；文章者，所以代言語之符。故孔子曰：「言以足志，文以足言。」斯表裏相資之至言，情采兼備之鴻文也。然志或幽眇，言必取譬以濟窮；言或紛綸，文必用典以取類。庶能理得而義要，事信而體約，不勞辭情，無餒才力。其為功用，譬寸轄之制輪，尺樞之運關，不其裕歟？此彥和所以有事類之作也。

蓋事類者，據事以類義，援古以證今者也。懷文抱質之士，揮翰鋪采之流，苟能據古事而證今情，引彼語以明此義，則辭簡而意賅，言近而指遠。是以隸事用典，其來有自，屈宋諸騷，著其先鞭；張蔡賦碑，挹其餘韻。然皆意到筆隨之作，非苦慮勞情而為也。逮乎建安，始專引古之意；迄於正始，方見指事之勤。太康以後，用典益繁。潘岳西征，幾於盈篇事類；陸機連珠，堪謂通章故實。流風所至，遞相追逐，懷鉛吮墨之徒，布麗典以逞淵博；載筆摛文之士，引古事以增繁縟。延及南朝，隸事最富，凡情韻之傾瀉，事理之鋪陳，莫不吐膽嘔心，經營刻畫。或借古語以申今情，或用先典以明近理。學者博識子史，忽禮樂之是非；文士廣搜前言，昧經教之宗旨。但務多學廣識，因書立功，緝事比類，持刀以割膏腴；用舊博古，操斧以伐山林。宋之顏、謝，承其流而揚波；齊之任、王，變其本而加厲。梁代文苑，推引最深，沈、劉逞博贍之學，引事無謬；徐、庾展俊邁之才，用舊合機。工如良匠之度木，美比騶奭之雕龍，達意切情之作，處處能見；出神入化之篇，時時或聞。馴至一事不知，或承之羞；一語無據，自覺其陋。非典故無以成章，非博物不足稱美。此隸事之富，所以造極於齊梁；麗辭之美，所以致績於博古者也。

齊梁麗辭成因之一──儒家學說之式微

(72)

夫儒者，上達天理，下通人紀，嚴仁義之教，敦禮樂之防，游文經典之中，留心治平之術。明體達用，綜綰百家之言；原始要終，洞悉千年之事。故其出言有類，而舉事無悔；應變曲當，而操行適中。居廟堂則盡瘁王事；處江湖則繫念民生。靡錐地之封，而名高王侯；無千鍾之賜，而富駕三公。所謂以德服人，貴比北辰之尊；以道美身，榮逾南面之位者也。是以仲尼席不暇暖，大道因之宏揚；孟軻轍環天下，儒術由是昌明，斯乃道統之承傳，中國文化之主流也。故知儒家學說，所以詳考歷代之得失，明辨古今之興廢，洞悉經史之術，通達政事之體，諳是道者，謂之通儒。學博而識精，理到而辭達，舉動不違法言，進退不離道規。潛心典禮，恒究匡濟之務；頤情國事，每興悲憫之思。窮本溯源，論文必徵於聖；援古證今，勸學必宗於經。探源道心，以敷卓絕之章；精研神理，以設不刊之教。然後發揮事業，彪炳辭義，所謂經國之大業，不朽之盛事者，豈徒以翰墨為勳績，辭賦為君子哉？周公之制禮樂，尼父之刪詩書，然後至論是弘，大寶咸耀。賈山之至言，論經國之體要；匡衡之奏議，言政治之得失；晁錯、賈生之策，劉向、馬援之疏，言不離於道德，論深切於情理，故能寫恆久之至道，立不刊之鴻教，使夫承學之士，載筆之倫，日用而不匱，旁通而無滯，可謂儒效之宏彰，儒學之丕闡者矣。

逮乎魏晉，儒學沉寂，魏武崇獎跅弛之士，勸敗常之俗；文帝傾慕通達之方，賤守節之義。於是學者或潛形竹林之中，謝絕箴規之教；或縈情煙霞之外，遐棄原道之章。以至王綱不攝，道德斯毀，飾偽萌生，敦樸盡散。降及齊梁，其弊彌甚。老莊玄談之風，惟恍惟惚；佛釋因果之論，如風如影。於是虛無放誕之言，盈於朝野；神靈不滅之說，遍乎天下。五行六教，已非訓人之本；詩書禮易，無關道義之根。學者棄進德之鴻志，無諳修業之實務；但騁揮麈之清談，唯張雕蟲之技藝。宗經之製日疏，逐微之篇逾盛。朝廷大儒，獨學而不養眾；後生孤陋，擁經而不講習。雅慕清靜之旨，沉酣寂滅之說，指儒術為古拙，而文必緣情；以放誕為清虛，而詞多尚腴。競騁文華，寖寖成風，斯非儒學衰微，道佛代興，文筆日繁，搆茲運會哉？

談庾信之志節

(72)

宇文逌謂子山「器量侔瑚璉，志性甚松筠」，蓋子山身處大盜移國之日，金陵瓦解之秋，喪亂流離，危苦悲哀。奉命北使，羈旅難安，身在北地，心繫江南。聞楚歌而不樂，飲魯酒而增愁。歎身世之飄寓，無處求生；念王室之墜毀，自然流涕。其久留北地，不能南歸之愁思；流離關塞，身世如夢之傷感，戚非金石所移，悲無春秋之異。思申包胥之碎首，愴然若喪；念蔡威公之泣血，惄焉如擣。此子山感時憂國之心，念舊返本之節，乃人性之所固然，職分之所當為。故其器識之宏深，氣節之高亮，昔人比之侔乎瑚璉，而甚於松筠也。然而好事之徒，或論其非，謂其終餐周粟，未效秦庭，雖符麥秀之思，究慚採薇之操。嗚呼！此片面之言，非持平之論也。何以言其然？蓋天下鼎沸，子山北使，雖捧珠盤而不定，留異域而難還，然究其實乃以學問博贍，特蒙恩禮，北周諸帝之憐才好善，待之若布衣之交，此與兩兵對立，強留人質者，豈可同日而語哉？此子山所以餐周粟而無傷者一也。若夫天下擾攘，久未平治，山岳崩頹，春秋迭代，南北板蕩，梁已覆亡，雖周陳通好，子山得歸，則覓君何處？復命誰與，徒見麥秀離離，安抑哀思戚戚乎？此子山所以餐周粟而無傷者二也。又若虛死不如應機，明哲所以保身，彼時北狄則倔強沙塞之間，欲延歲月之命；南朝則徒見魚龍之盡，但歎王氣之終。當此運會，羈旅食祿，保身全軀，何損於人格乎？何虧於氣節乎？此子山所以餐周粟而無傷者三也。至若舟檝路窮，風飈道阻，歸國之望已絕，思鄉之情未艾，人在異域，心繫家園，窮而達其言，勞而歌其事，鄉關之辭賦，蓬萊之情懷，南枝之戀，首邱之思，此雖廉公之思趙將，吳子之泣西河，又何以逾於子山之辭動江關，情感古今矣乎？此子山所以餐周粟而無傷者四也。

故知子山之志節忠貞，人格高潔，器局宏深，識見超越，宇文逌所謂「器量侔瑚璉，志性甚松筠」，徵諸以上之論，更信然無爽矣。

銘傳國文選序

代校長包德明撰

(80)

夫茫茫宇宙，聖哲開物以成務；渺渺人寰，賢士創制以垂文。或樹德建言，極寫人倫之大道；或研理設教，盡頒政治之宏綱。綏撫百姓，經緯萬邦，天下克諧，庶業咸熙，澤被八荒之表，化達四海之外。爾後學者，踵武前聖，優遊經典之作，吟哦風雅之什，鎔鈞舊範，陶鑄新辭。或抒情寫意，筆墨隨真宰宛轉；或詠物述景，心靈與大塊徘徊；或記事論時，得其體要之旨；或析理評政，中乎肯綮之妙。天地輝光，籠罩性靈之內；萬物情狀，盪漾耳目之前。詞人才子，致騰聲飛實之功；名臣賢士，奏弘道濟時之效。文之為德也久，而其為用也大矣！是以古之士子，篤志好學，博觀文囿，廣覽辭林，焚膏繼晷，沈浸窮年，不以隱約而怠志，無因康樂而移情者，良有以也。

然時運交移，環境丕變，有清之季，西風東漸，外域之學，輸入中土。民國以還，風氣大開，高唱民主科學，為救國之南針；外文西學，乃圖強之妙法。眾士習聞其說，雅愛其術，既步趨以鑽研，復祖述而憲章。遂使民主與科學，齊足而並馳，外文與西學，比翼而爭飛，其裨益於國家社會、造福於百姓蒼生者，何可勝道哉？然以顧彼則失此，瞻前則忽後。輓近國學命途，已達東閣之境，中文價值，幾致覆瓿之譏。本人深鑒於此，故特重國文教育，並屢申「國文為百科基礎」之說，「文化為民族靈魂」之論。所望學子，深體聖賢之明訓，無違傳統之美德，記覽為文，操筆立就，諸君其勉乎哉！

今值本校改院伊始，萬象更新，為加強國文教學，衡以時代所需，乃重編國文讀本，名曰「大學國文」云。自先秦迄於今世，凡四十八篇，逐篇陳述作者傳略，詳為題旨解析，艱難字詞，則注釋申說，期使學子能知人論世，以宏讀書之功，提綱挈領，用作攻木之序，並由字詞之了悟，以通乎作者之用心，斯進學之道已盡，而開卷之益可得矣！至於選文之方，亦有準繩，或聖經賢傳之作，或諸子百家之編，或記事之史，或繫年之書，舉其最足代表者，以餉學子，俾知銜華佩實之篇，固文章之奧府；述道載筆之言，亦文章之楷模也。若夫無韻之文，亦分駢、散，散體重氣勢之雄偉，駢儷主聲辭之優美，二者各擅其長，無相軒輊，故今之所選，不敢偏廢。至乃有韻之什，輯錄亦多，詩歌騷賦、詞曲戲劇，無不具備，亦無不詳論，析其音韻，條其源流，以見宮商之諧美、質文之通變也。若乃語體諸篇，皆為名家大作，或為進德修業之指針，或為賞心悅目之聖品，今之所撰，不敢略諸，乃知傳統與現代並重，文言共語體交輝，實本書之特色，亦編者之創意也。

曹子建云：「有南威之容，乃可以論於淑媛，有龍泉之利，乃可以議於斷割。」劉彥和亦云：「操千曲而後曉聲，觀千劍而後識器。」是知評論文章，昔賢之所難，選錄作品，多士之所慎。本院國文編輯委員會諸先生，經多次之研商，趨百慮於一致，罄無窮之智慧，合古今於一書，以多士所慎之懷，行昔賢所難之事，則謬誤之處，自屬難免，尚祈博雅君子，不吝指教。

代包德明校長祭夫文

(81)

維中華民國八十一年○月○日包○○率子女謹以時羞之奠致祭於先夫李府君應兆之靈前曰：

嗚呼哀哉！惟君性本仁慈，才兼文雅，地鍾靈秀之區，夙體聖善之教，閱詩敦禮，調逸鄉黨。蓄素擢英，聲高河溯。成己成物，每以興學為念；獨善兼善，常抱化民之心。殫精竭慮，創辦銘傳。廣敷風教，陶鑄菁莪，覃宣雨化，弘衍薪傳，會多士之滿門，播書種於四海。及夫榮膺國代，踔厲議壇，繫心世運，致力中興。老驥騁足，猶懷千里之思，丈夫立志，寧懼萬丈之浪？讜言諤諤，罄報國之大義，忠心耿耿，伐偏頗之姦謀，無奈齎志沒地，永懷無已，豈不痛哉！

嗚呼哀哉！琴瑟聲斷，相酬何期？親觀啟足，頻增慘惻之懷，躬奉正衾，倍切肺腑之痛，瞻望舊物，詎不悽悽，徘徊庭園，寧無悵悵？福山雲埋，輪軒候兮誰與歸？天母月暗，錦帳張兮君安在？風當春而猶寒，日在晝而常昏，仰望蒼蒼之氣：呼天不應，俯視博博之土，喚地不靈，嗚呼！死生固有命，天倫之愛豈能割？陰陽雖兩隔，人間之情何以堪？既一見之無期，何百身之可贖？當謹飭兒孫，咸遵遺訓，冀芝蘭玉樹，欣榮階庭，斯可上慰吾夫在天之靈，下表兒孫養志之孝思也，哀哉！尚饗。

五十自述

(82)

大舜以聖明承祚，纘贊堯帝之勳，胡公以英賢封陳，對揚武王之烈。子孫述德，以國為姓，洋洋陳氏，永及苗裔，基命宗周之原，衍派九域之地，固源遠而流長，祖聖而孫賢。乾嘉之際，臺閩之間，往來交通，絡繹不絕。吾祖乃乘桴槎以渡蓬萊，離桑梓而飄瀛海，卜居彰化之濱，名田下邑之野。風沙瀰徑，荒草罥途，丘林杳焉無際，叢薄紛其相依。篳路藍縷，開疆拓荒，不憚稼穡之艱難，無患胼胝之勞苦。生生所資，唯待耕耘之穫；事事皆賴，劣免饑寒之憂。先祖父更以勤儉起家，聞於鄉里，服田力穡，丕基始肇。家父踵先人之成業，振敦樸之遐風，務開資財之道，用廣糧粒之儲，幸國家行惠民之政，澤加農夫，社會當轉型之時，望寄法制。土地改革，獲益既多，政策開導，孳貨匪淺。家道自剝而復，生活由困而安。

吾幼承庭訓，長守家風，深知勤業所以騁抱負，修德始能振家聲，故篤志載籍之中，潛心縹緗之上。小學中學，興趣養成，大學以降，厥修益敏。蹞步無荒，寸陰是惜，才似駑馬，十駕之功不舍，勤比蛾子，時術之效靡止。諷聖賢發憤之作，心存嚮往，讀才士刻鏤之文，志在師範，嚮往則風采溢於格言，師範則英華粲乎篇籍。瞻望風采，故舉止不離規矩，擷取英華，故揮灑自有法度。輔以名師之教誨，益友之切磋，大學生涯，四年匆匆，然而國學之基粗具，文藝之興稍高，此一時也。

旋奉召入伍，服役從戎，敦詩書而即武事，執干戈以衛社稷，暫擲班生之筆，欲揮祖逖之鞭，雖無斬將刈旗之功，又乏固國治邊之略。然讀仲宣從軍之賦，心雄萬夫，吟子羽涼州之詞，志在千里。昔卻穀悅禮敦書，任元帥之重責。孫吳玉辭珠字，修兵法之鉅製。區區之心，竊慕此耳。斯余側身軍旅，服役報國之時也。

嗣以空疏，執教國中，期能貢獻所學，報效國家，為文化盡力以傳薪，為後生傾囊而授業。不以窮約而趨俗，不因困乏而改操，雖遍嚐敬業樂業之甘，亦備受逆師廢學之苦，此又一時也。

尋入高庠，從師問道，經八年之鳳曆，登二度之金傍，由宮門而堂奧，得碩士而博士。沉酣墳典，寢饋縹緗，尚友先哲，私淑前修。既喜嘉謨之化性，復樂騷雅之怡情，踐則聖賢之景行，思則才士之情采。高文通庭中雒誦，漂麥不察，朱翁子道上嘔吟，負薪無輟。所望臨篇綴慮，搦翰即成云耳。此則余潛心辭林，焚膏繼晷之時也。

及夫重執教鞭，忝列講席，絳帳以授其徒，鼓篋以孫其業。傳道解惑，為師發撞鐘之聲，質疑問難，子矜知攻木之序，相悅以解，陶然自樂。又復掌管訓導，經師人師，樹學校之威信，立管教之嚴規，一時而績效卓著，聲名遠傳，生徒之藝精德美，識廣才高，建楷模於上庠，獻技能於社會。悠悠銘傳路，漫漫十五年。

既而進入警大，教授國文，兢兢業業，靡有此息。觀依山之桃李，在阿之菁莪，學有專精，技有足采，猶杞梓之呈材，豫章之挺幹，為未來警界之精英，日後治安之護神，師長之責任，豈不大哉？師長之言行，豈可忽諸？此余所以日夜戒慎，不少嬉隨者也。

自維執鞭以來，日月逾邁，轉教多方，閱時卅稔。犬馬之齒，已坐五而望六；蒲柳之姿，每逢秋而傷懷。慚生平之無成，寄來日以大望。倘能大張鐵網，籠珊瑚於其中，廣闢園地，植楠檜於其際。時時吟賞以觀摩，日日培壅而灌溉。則師生之間，融然訢合。長善救失。青衿日受其益，盡聲繼志，師儒時揚其芬。則學非馬鄭，道可東南。才異潘陸，思傾江海。庶傳薪之有日，冀揮翰之靡竭云爾。

《南朝儷體文通銓》序 (82)

夫萬物雜陳，鬱然有采；五情並發，煥乎成章。是以茫茫宇宙之中，文德與天地並興；渺渺人間之世，歌詠隨生民俱始。元聖體天地之心，創典於前；素王察生民之志，垂訓於後。或建言樹德，崇尚體要之辭；或陶情鑄性，篤守正言之辯。爾後學者，踵武前修，優遊經典之籍，吟哦風雅之什，諸子奮興於戰代，理道是弘；騷辭鬱起於楚年，性靈獨抒。賦體鋪采於兩京，飾窮聲貌；駢儷造端於魏晉，雕極詞華。於是秀文嬴質之作，時時迭出；尚巧貴妍之篇，處處間起。南朝承運，益形華縟，劉宋之雕繪山水，窮力追新；南齊之妙達聲病，刻意調律；蕭梁辨文筆之義，唯務沈思翰藻；有陳揚宮體之規，獨鍾輕詞艷句。文章唯美之標，煥然高舉；藝術至上之論，確乎不拔矣。

蓋劉宋極貌寫物，盡情雕詞，傅亮廟堂高手，麗製連篇；謝客山水名匠，新聲盈耳；顏延錯采鏤金，滿眼雕琢之藻；鮑照尚氣貴妍，累紙璀璨之珠；謝莊深通律呂，務為精密之觀；惠連極富才思，善製綺麗之辭。既南齊馭寶，運集休明，詞藝勃興，英才秀發，聲律昌明，豪傑蠭起。孔稚圭之鍊詞鍊格，極雕繪之能事；謝玄暉之標風標骨，稱述作之楷模；王融擅宮商之律，情韻兼工；沈約創聲病之說，音辭俱美。及梁承齊祚，運數攸歸，文詠隆盛，人才輩出，聲病愈演愈烈，駢辭彌唱彌精。復以君王之提倡，文思光宅；宗室之崇獎，儒雅奔會。或樹立文論，指引駢儷之標；或雕縟綺辭，激盪藝文之運。上下沈思於翰藻，君臣馳騖於新體。遂使麗辭艷采，閃爍縹囊之中；金聲玉響，諧和宮商之際。鉅製鴻什，琳瑯滿目。武帝以君王之尊，下筆成章；昭明以太子之豪，過目能誦；簡文天資高絕，今古難匹；元帝才辯敏速，一時無兩。又江淹高華，鑄詞新奇；任昉博贍，拓體淵雅；劉峻之淒楚激昂，多憤慨哀怨之音；丘遲之秀婉盡致，呈雅麗清新之象；肩吾情意真摯，聲采齊揚；吳均辭氣高潔，點滴俱淨。迨梁鼎既革，陳氏踵興，徐陵用新變風格，助長艷體；沈炯以哀怨情調，震鑠詞壇；後主煽宮體之風，豔什不絕；江總倡浮靡之習，輕詞層出。至於庾信窮南北之勝，擅情采之美，雖身處異域，而名齊徐陵，故與徐陵同體並論。

余志耽辭藝，心好麗文，沉潛載籍，寢饋縹緗。一簣不遺，蛾子勤其時術；蹞步無荒，駑馬奮其十駕。尋先士之才調，則私淑諸人；翫名家之藻采，則竊慕其風。茲以研習所得，加臆度為說，上自劉宋，下迄有陳，勒為「南朝儷體文通銓」云。

上好下效，南朝麗辭勃興

(82)

夫君子尚德，則小人修道；主上崇儒，則臣民敦化。上行下效，風動草偃，其間相準，影響不差。是以太王躬仁，而邠皆貴恕之民；鄭伯好勇，而國有暴虎之客。以此衡諸文章之盛衰，亦屢不爽。是以天子孳孳於講藝，則俊才雲蒸；亹亹於雕章，則多才風會。漢武愛騷而淮南作傳，孝宣好樂而王褒唱蕭。至相如大人之賦，孟堅兩都之作，莫不取悅主上之心，夸飾京苑之大，揄揚風流，宣德盡孝。漢明崇尚儒術，故東平擅其懿文；魏帝雅愛詩賦，故七子為其羽翼。安有君王扇風流於上，而臣民不激波濤於下者乎？

蓋南朝之君，皆好藝文，承曹氏琳瑯之致，扇江左綺靡之音。或揮翰摛藻，以耀聯璧之華；或選文品藝，以逞英逸之才；或置學立館，以徵篇章之士；或陳詩展義，以勵幕客之吟。是以上下沉思於文華，君臣並驅於翰苑，灑筆以成酣歌，和墨以藉談笑，扢揚風雅之盛，馳騖章句之深，直可陵轢漢武，睥睨魏文，自三五以降，未有逾於斯時者也。

溯大宋文置文學之館，明帝立總明之觀，自是以降，風氣大開。齊高以睿文纂業，諸子雲蒸而日耀；竟陵以英才散采，八友霞蔚而飈飛；文光四表，聲振八荒，馭飛龍於天衢，駕騏驥於萬里。梁接齊軌，揄揚愈盛，腴詞艷藻，軒翥奮飛。武帝昭明，爭馳新巧；簡文元帝，務為淫放。俊才秀士，煥乎俱集，詞尚輕險，情多哀思，蕩蕩乎宮體之作，梁其鼎盛矣乎？陳氏承祚，國勢陵替，但君臣唱和，文藝滋盛。是以綺靡之風，盈於朝野，龍章風采，閃爍縹囊之中；金聲玉振，諧和宮商之際。連篇皆月露之形，積案唯風雲之狀。此上好下效，君臣馳騖，所以俊才風發，儷體波湧，爭奇競艷，萃斯繁富者也。

江左宮商發越，激盪士子之心

(82)

韻律協暢，宮商調和，則文章悅耳，聲氣互通。故前修用字滿音聲天成，易之文繫，用韻雖繁，然聖人之妙思，固自然之協律，暗與理合，匪由思至也。若夫春秋標齊語之傳，離騷目楚辭之經，亦皆考名物之異同，丕顯聲讀之是非。兩漢之際，未改往轍，但求和諧之順，不務迭代之工。魏晉以降，革易前型，韻書叢出，宮商判然。曹文如音樂之琴笙，雅韻吐於胸臆；陸賦比玄圃之積玉，亮響盈於耳間。逮乎南朝，山水方滋，靈運之興會標舉，窮力追新，名章迴句，雕飾肌膚之美；麗曲新聲，唱詠宮商之律。自斯以降，音學大昌，周顒切韻之書，沈約聲譜之作，清濁分明，平仄協暢，宮徵聽曼於文中，脣吻遒會於字裡。輕重擬金石之和，修短雜咸韶之節，歌詠與生民俱始，聲律共文章齊發。肇開天地之精靈，洞燭曠古之奧秘，自生民以來，聲律未有盛於斯時者也。審音辨韻，精密細微，雖致識於明哲，實垂範於後昆。王筠慕笙簧之諧，蕭繹貴脣吻之會，徐陵順流揚波，剖析彌精，選聲簡韻，務八音之迭代；用字鍊詞，尚四聲之調和。强立平仄之規，競馳馬蹄之韻。麗文至此，已登極峰，四六間對，由斯肇矣！此後學者步趨，文士馳鶩，猶丘陵之仰泰山，川流之宗東海，實六朝之渤澥，唐代之津梁，韻律宮商之沾溉文苑，南朝駢文可謂百世無匹者也。茲為舉南朝韻律工商和諧之例，以徵時代之特色焉！

徐陵—勸進元帝表

雲師火帝，非無戰陣之風；
堯誓湯征，咸用干戈之道。

徐陵—玉臺新詠序

九日登高，時有緣情之作；
萬年公主，非無誄德之辭。

庾信—擬連珠

章華之下，必有思子之臺；
雲夢之傍，應多望夫之石。

庾信—謝滕王集序啟

蒲桃繞館；新開碣石之宮；

修竹夾池，始作睢陽之苑。

故知韻律宮商之和諧，實南朝駢文之特色，沈、王創始於前，徐、庾弘揚於後，選聲簡韻，務八音之迭代；用字鍊詞，尚四聲之調和。強立平仄之規，競馳馬蹄之韻，儷體至此，可謂登峰造極矣。

南朝鍊字，競詭趨異

(82)

夫人之立言，因字而生句，積句而成章，積章而成篇。故文之佳惡，繫乎章之妍蚩；章之妍蚩，由乎句之清玷；句之清玷，本乎字之乖順。振葉以尋根，揣本而知末。是以善為文者，用心於宅情之章，致力於位言之句，以期揮翰之無疵，謀篇之彪炳。古來立言，能莫由乎斯道哉？蓋書實記言，故訓詁茫昧；騷乃楚聲，故辭采詭異，斯固情趣之指歸，自然之流露者也。逮乎漢朝，小學勃興，張敞以正讀傳業，揚雄以奇字纂篇，故而複文隱訓之作，曉義實難；幽趣深旨之章，析辭不易。良由鍊字用語，失其常檢，鋪采摛文，構斯阻奧也。

宋初用字，窮力追新，齊梁而降，新盡而奇。雖書傳別風淮雨，已開異趣之先；而江郎危涕墜心，實極詭特之致。故知義當不奇之字，無以驚人；理乖新異之言，有足引心。詞在宣理，但翻空而易奇；文非尋虛，唯徵實則難工。是以南朝文人，愛美重藝，修詞鍊字，率好詭巧，厭舊式之正，馳新體之奇。或顛倒文句，回互而不常；或琢鍊辭采，捶堅而難移。至於義類相似之字，互代以避陳翻新；偏旁同出之文，聯邊以驚心醒目。更有回文以見意，新變以逞奇。則南朝修詞鍊字，競詭馳異，可謂去已成之習套，鑄鮮艷之麗辭，盪除庸音，孚甲新意，言結心懷之中，法脫窠臼之外，雖乏漢魏古樸之風，實極六朝奇特之美也。

若夫古語連篇，徒生厭倦，其為弊害，昏睡耳目，則欲突破藩籬，豈能外於追新乎？南朝文字之奇特，雖或遭物議，豈非文學增華之正途，藝苑創新之嘉會哉？

齊梁麗體，用語輕倩

(82)

夫文之含風，猶形之包氣，理誠然也。故氣不駿則形弱，風不深則文泛。是以述情鋪辭，務盈守氣；養氣揮藻，將以顯情，古來文章，率多如此。然後潤之以豐采，贍之以事義，則氣壯而情深，風清而骨健，此命世之鴻文也。商周聖賢之為作，楚漢才士之興詠，殆如是乎。蓋群經詞約旨豐，符采相濟；諸子闡微入妙，志道同宣。各騁慧心，辭尚體要。騷人勞情於楚語，氣轢往古；賦家寫志於漢篇，風被來今。胥艷而不傷於骨，華而無累其枝。是知楚漢同源，遙接雅健之軌；騷賦異趣，始兆麗則之標。逮乎建安，文運蓬轉，士趨清峻之體，詞尚通侻之風。迄於魏晉，流風未已，文主華綺，氣尚清剛，筆多淋瑯之致，風歸空靈之格。降至南朝，偏處江左，地當雲水之鄉，俗乏凝重之質，運會所趨，詞風丕變。士秉江海之靈，文崇繽紛之藻，競學浮疏，爭為闡緩，遣詞用心，篤慕婀娜之態；

操筆寫志，馳騖風流之姿。是以矯健之氣不存，輕倩之風日滋，覃覃構思，務格調之新穎；戛戛造語，避文字之庸熟。艷色妍澤，飛染於翰墨之中；清辭巧製，踔厲於才士之集。譬之雜花群鶯，返降將於迷途；秋桂春羅，譏隱士之染心。「日下沉彩，月上飛光」，江郎賦別，驚時感歎之作；「雹碎春紅，霜凋夏綠」，令嫺祭夫，傷情鋪摛之辭。是皆南朝輕倩之風，異乎前人厚重之質，妍麗之辭，所以攝魂鉤魂，號稱絕詣者，豈非特色哉？

中央警察大學水警百科全書序

(86)

警察一詞，自古無有，唯捕快用世，似為其權輿也。至於通行於全國，見重於世界，則自近代耳。所謂依法行政，維護人民權益，打擊犯罪，保障人民安全者，在在皆警察任務，正義象徵，則警察事業之神聖，警察工作之艱鉅，居然可知，胡用贅言？如此神聖事業，艱鉅工作，若非精研警察學術，切磋科技智能者，安能克盡厥職、服膺重寄，以有限之警力，制歹徒無窮之暴力；以有限之裝備，滅歹徒無窮之防備；以少數之員警，護廣大之民眾；以微小之警網，揚公理之正義。甚至以智慧破案，搗歹徒之巢穴，以科技辦案，攻歹徒之心防。弭大禍於未兆之前，挽狂瀾於既倒之後，非精研學術，無以提挈維綱，以簡馭繁；非精研學術，無以運籌帷幄，決勝千里。此謝校長除重視實務之外，所以特重學術之精研者也。

謝校長瑞智博士，自幼用功甚篤，不遑稍懈，長而著作等身，精研警政，可謂蓄素以弸中，散采以彪外者也。凡所著作皆識見宏通，理論卓絕，神無滞用，鑒必窮微，其於警察學術之激盪、警察風紀之改善，功績夙著，不特今日而然哉！惟自去年接掌本校以來，更積極奮鬥，凡制度之興革，校務之維新，皆著隆績，有目共鑒，使校運欣欣以向榮，師生亹亹而向學，此固校長辦學之績效，抑亦其奮鬥精神所感召也，爾來更指示編纂警察百科全書，各系分門別類，其精神之積極，態度之誠懇，實師生之楷模、警界之領航者也。

原夫水警系創系迄今已八年矣，丁主任維新歷草創而成長，由成長而茁壯，今已根幹固而花蕚振，花蕚振而果實纍矣。又研究所之成立，更為水警開一錦程，亦為水警學術，登上層樓之徵也。此次水警百科全書之制作，在丁主任積極之策劃，系上教師全力之投入，經無數次之會議，在不間斷之切磋，始趨百慮於一致，集眾智於一書，有論海上執法者，有論海域歸屬者，有論造船技術者，有論海洋資源者，有論水中生物者，有論拯救污染者，凡水警所到之處，水警所轄之事，蓋歷歷在目，不一而足，直可謂籠圈條貫，曲暢旁通，各極其趣，各窮其妙者也。

百年樹人話東吳

(87)

夫聖王之繼天立極，君子之開物戍務，莫不敬敷教義，弘宣彝倫。堯朝司徒之官，虞廷上庠之職，夏代東序之館，殷周學膠之府，所以培靈化性，明道崇德。假禮樂詩書之教，陶冶情性；藉仁義忠信之德，鎔鈞氣質。揚輝光於天下，美風俗於四方，斯教育巍蕩之功，大學淵塞之用，先聖極宏創之力，後賢盡丕闡之能者也。

東吳上體聖心，下通民志，當衰清多事之秋，承季世頹敝之餘，亟思圖謀振作，力挽狂瀾，培育多士以救國，弘揚大德以敦化。陶鑄性靈之美，開啟智慧之用。卜地舊吳之濱，占星東道之表，興建黌宮，賓延師儒，栽植桃李。培育俊英。當規模之粗具，值國事之多虞。列強窺窬，伺我瑕隙，辱國喪權之危，齊人波蕩；救亡圖存之義，志士雲湧。班馬動而帝制摧，魴魚赬而清室燬，〈卿雲〉爛縵，重奏虞夏之音，日月光華，再甄漢唐之舊。當茲風雨晦塞之秋，雲雷屯合之會，東吳猶峙中流之柱，保歲寒之姿，設幔傳經，開學講藝，高唱弦歌之聲，穩操風教之鐸，覃宣時雨之化，精拭靈蛇之珠，望德星以聚賢，播書種以貽世。雞鳴之操，譜為〈周詩〉之詠；松柏之節，讚響《論語》之書。民國肇造，氣象更新，九州置驛，萬國通郵。科技日進，馳騁乎利用厚生之道；思想蓬轉，趨競乎民主自由之途。東吳則尊古用今，乘勢制宜，校政盡心以務實，課程窮力而追新。仰觀國家之期望，俯察時代之趨勢，民主與自由並進，人文與科學共榮，傳統現代，齊重而交流，理論實務，合璧而兼顧。教澤永嘔，響窮蘇杭之濱，德業交著，光照華夏之表。地異緇帷之林，覃被儒教，人本炎黃之裔，精通西學。收奇瑰於巖穴，振滯屈於繩樞。鼓篋勸學，師資盡一時之選，攻木承教，青衿皆全國之英。造法學之高棣，範揚中外，育生化之秀士，聲騰遐邇。依山桃李，臨春風而結繁，在阿菁莪，遇夏雨而爭茂。觀看群英聚處，皆如竹箭金石，吟賞佳木叢生，無非楩枏豫章。東南文教，廣被雕潤之功，錢塘形勝，深染〈風〉〈雅〉之彩，巍巍宮牆數仞，參天而贊其化；槃槃士子萬千，挺幹而致其才。裨益國運，粲然可徵。不意東倭野心，舉兵西犯，鯨鯢揚波，自矜海國之雄，鷹鴟礪吻，直逼蘆溝之橋，迭地奸好，攻城擾鄉，虔劉無辜之民，挫辱大漢之威。於是抗日軍興，全國一志，政府移都改邑，避敵遷蜀。天下患蒼生之劫，金陵聞〈麥秀〉之歌。東吳罹此亂離之運，遘茲陽九之會，滔滔天下，踽踽獨行。法律學門，獨留上海，文理諸院，飄寓各方，荊逢離析之運，豆遭剖分之途。蒿目時艱，能無悵恨？然而剛健篤實，輝光日新。銅馬生郊，妖蛇起陸，所以竦動其心，堅忍其性，樹彼幼苗，冀成棟樑，鑄此多士，望遘真龍。是以弦誦相聞之地，則俊彥輩出，憩遊所及之區，則慧智叢開。江山故宅，憑添文藻之華，雲雨荒台，倍厲精剛之操，集義養氣，學道經國。或輸家紓難，效卜式之大義，或請命赴敵，慕終軍之長纓。成德達材，竟克抗倭之烈，愛國從軍，終奏攘夷之功，廓清海氛，復旋京闕，龜陰反見奪之田，鯨鯢斷猖披之路。重光禹甸，再睹堯天，履國步於康衢，復王道之一平。雖曰全民效命之功，豈非書生請纓之力哉？無何而烽火迭傳，赤焰旋張，初但憑城，終為毀室。東吳師生，徘徊歧路，或低回故園，守杏壇以育杞梓；或遙望海濱，乘桴搓以渡蓬萊。固護堅石之國，竟瓜剖而豆分，光輝張日之校，終運歧而命舛。於是在臺校友，旅外群英，共倡復校之議，同表育才之誠。幾經盡心竭慮，研議擘畫，輔以教會翼贊之功，賢達貢獻之力。終而卜地士林之郊，起舍雙溪之旁，依山面水，飲景含煙。俯視中影之縈迴，草舍古道，瓊樓玉宇；遠眺故宮之體勢，鋼殿石階，鳳闕龍閣。群峰鍾靈，叢木毓秀，臨水聽雨，望岑迎風。尋幽訪勝之客，流連雙溪之境；探寶稽古之人，徘徊博物之宮。或歎風景之美，或稱國寶之奇。此則溪城之大觀，亦為東吳之腹地也。學子優遊其間，陶然自適，澡雪精神，澄清心慮，仰觀吐曜之奇，俯察含章之秀，頤情學問之府，篤志德藝之園。自然氣質深厚，器度淵雅。輔以謹嚴成風，純厚為尚，崇實祛浮，師儒免檟楚而威，含華擢秀，英幹干雲霞而上。斯蓋環境幽雅之區，衣被之功聿著，學風敦樸之教，沾溉之澤斯深。處厚居實，老聃期丈夫之言，務勤戒嬉，昌黎勉諸生以學。原泉混混，有本始騰其瀾，虎文彪彪，依質方耀其彩，本質深厚，不其懿與？

多年以來，穩健發展，宮舍高峻，覆壓寬廣，板築學堂之殷，各抱地勢，規模擘畫之勤，咸依物曲。盤盤縈迴之館，囷囷簇擁之宮，先生皆博聞名師，青衿率好學高徒。是以教功纍纍，人才濟濟，或張英聲於海外，或樹典範於國中。無論法政工商，文理科技，彥士紛起，俊才間出。並標能擅美，含光耀采，各領風騷，抱當仁不讓之懷；咸躍騏驥，有在轡不勞之概。或馳騁政壇，昂昂廟堂之器；或精通律學，巍巍法界之英；或妙達貨殖之術，經商以富國；或深造科學之知，利用而厚生；或託文學之車乘，昭明世化，或預教育之講席，陶鑄俊英。東西南北，至道傳播於四方；政經工商，頭角崢嶸於各界。雨潤風化，杏壇盛結奇果，實至名歸，東吳大放異彩。

邇來更恢廓襟期，覃宣教義。校長雄圖四溢，慧眼獨具，百務填膺，極盤錯之艱難；杼軸在懷，開欣榮之面貌。禮聘名師，賓延碩儒，用心校務之推動，致力行政之革新。美化校園之觀瞻，兼尚文雅；加強教具之設備，齊重質量。語言器材，更新而汰舊，電腦裝置，隨時而進階。廣體育之用品，精音樂之教具。凡斯種種，苦心孤詣，苟利教功，縱耗資而不惜，能益生徒，雖困神以奚傷？是以黌宮撲地，吟聲沸天。校部則學舍與攢峰交映，融然訢合；城區則樓閣與群廈爭雄，巋焉獨立。竦黌宇之嵯峨，蔚英髦之薈萃，規模宏偉。聲華卓著。是智慧綻開之花，亦心血累積之果也。

余為校友之一員，亦列教師之末席。恭逢大典，作文記盛。雖積翰累紙，難美大德之形容；賦詩連篇，何盡茂勳之歌詠。蓋百年鳳曆，傾教澤以長流，萬里鵬程，諒校道之非孤。自古樹木為易，樹人為難。是以拜師而學，聖人有數進之戒，得英而教，孟子抱至樂之心。東吳建校百年，甄才無數，成聖人所難之事，推孟子所樂之心。今值期頤之大慶，會賢達於高堂。緬懷先輩之創基，近維師生之盡力，黽勉同心，積漸大成，是東吳有慶之功，乃國家無疆之福。願我前輩之師，後進之友，共勵〈湯盤〉之德，齊奏〈天保〉之音，襲百年之成業，開萬代之雄圖。則品物咸亨之理，有待東吳而宏大，乾坤不息之機，有待東吳而賡颺。願樹範於後昆來者，歷歷以薪傳，繼此而千載萬世，蒸蒸以日上，盡罄至誠之禱，永垂無疆之休。

地牛發威，禍災乃作

(88)

夫天大地大，萬物莫與爭雄，風災震災，百害難與較勁。諸禍之作，人力莫之能逆，地震之起，儀器難乎為測。故為害殘酷，死傷無情。蓋夫地震之發作也，突如其來，大則瞬息禍生，秒間災變，摧毀萬物，滅絕九垓，天崩地裂，屋塌牆圮。或山嶽移位，覆蓋邑里；或河海氾濫，淹沒田園。有落石坐飛，流彈傷人；有大樹自振，崩柯斃物。如此可驚可愕之狀，皆是難測難避之災。悲夫！震力撼動之大，禍災毀滅之深，蓋不可言喻，亦無從數計者也。舉世各地，處處間起，台灣無祿，亦逢此殃，遭百年未有之災，陷萬民無奈之遇。悠悠蒼天，痛何如哉？

粵以己卯之年，南呂之月，序屬仲秋（八月十二日），時在丑辰（一時四十七分）。金風頻振，直扇熟眠之人，秋氣屢拂，偏沁夜遊之客。星月皎潔，天色清朗。鄉間郊野，大地闃其無人，大府鴻都，通衢炳然有燈。作息依舊，動靜如常，無月暈礎潤之徵，虎躍龍騰之兆，靡所預感，莫知防備，如飄風暴雨之驟至，閃電迅雷之突發。瞬間天搖地動，燈滅光絕。震央南投，慘為首害之區，周邊諸縣，同遭酷烈之禍。威力之大，波及全台，棟折而牆崩，無所逃命，礎裂而瓦解，有處葬身。或大廈地陷，倒塌無計其數；或高樓陸沈，下墜難測其深；或山嶽崩頹，埋葬生靈之命；或土石滾流，坑瘞稼穡之功。攢峰失嵯峨之狀，叢薄齊扶疏之姿。四會五達之莊，圮烈而成壕。重山複水之地，墜陷而為塹。又復餘震時時間起，哀聲處處奔會。當此危急存亡之秋，悚惶惴慄之際。或棄千金之璧，負赤子而趨；或遺百鎰之珍，背白髮而走；或夫妻相擁以待挽；或兄弟互勗以恃機；或深陷瓦礫，徒遭覆蓋之難；或隱藏牆隅，坐失救援之機。黃髮垂髫，年殊而共逝，誦經悼亡，聲異而俱哀。何天地之不仁，以萬物為芻狗，何震災之無情，視群生如草芥。不仁故萬物備受摧殘，無情故群生慘遭坑埋。嗚呼！傷亡處處，滿目瘡痍之象；涕洒漣漣，盈耳悽慘之聲。震撼之大，為害之深，數災禍以難終，蓋前史所鮮有。

幸賴中央頒緊急之令，撥特別之款。國人發悲憫之心，捐平日之積。全民同德，仲合力救援之手，友邦輸誠，竭冒險賑恤之心。拯生靈於危殆，安民心於恐慌。或從破瓦頹垣之中，挽回垂死之命；或從深洞浚坑之內，掘出存活之身。救人雖赴湯蹈火，在所不顧，恤災縱臨深履薄，亦所不辭。一息尚存之命，固善療以期速癒；四體猶溫之人，亦急救以盼復蘇。尚有救援無及，命隕地下，尋屍無處，招魂不歸。故路多哀怨之聲，穴成殲良之窟。臨場起惴慄之感，睹物興悲憫之情。殘壁頹樓，崩榛滾石，其中安危，間不容髮，譬猶一縷繫千鈞之重，朽索御六馬之車。而救人為急，本乎好生之德，濟災為重，忘卻畏死之心。可謂功德無量，善慶有餘者也。

今鉅災已過，殘局待復蘇之殷；餘震猶存，板築飾固護之勤。而山崩土流之處，死屍長埋；樓沉陸陷之中，靈骨靡託。狐死首邱之情，其望已絕。營魂識路之明，其目已膠。雖祭品豐饒，紙灰飛揚，哭聲悲切，餘哀盪迴。烏足以慰游魂於煙靄之中。安遺骸於土礫之下乎？唯見山巒悽其帶惻，江河咽而下愴。華實繁茂之野，既成邱墟；黍稷滿盈之疇，亦如蕪田；廣廈闊屋之第，峻隅已頹；連闥通房之宅，大樑已塌。歌堂舞閣之基，鳥鳴而雀悲；金釭華燈之館，夜闃而燭殘。或有震死罹難之家，哀悽無止；受創負傷之人，噢咻不息。越石行吟，豈是百憂能堪；易安尋覓，何曾一愁了得。直視百里之外，但見殘磚破瓦；傾聽周圍之間，獨聞泣血哀音。災難殘狀，事事怵目；慘惻輓歌，聲聲酸鼻。哀鴻在野，山水難越之區；喘牛當道，陰陽失調之象。才雄力富，已成蕭條之景，士精馬妍，漸趨消瘦之狀。伊威蠨蛸之蟲，東山為之浩嘆，丘隴井逕之崩，蕪城以是悲歌。靜慮凝思，心傷已碎。仰望蒼蒼之氣，天帝何不恤眾以弭災，俯視博博之土，地牛胡為忍人而遘禍？天不恤之，地實為之。天地不仁，黎元何辜？所宜痛定思痛，災裏防災。否泰相濟之道，周易垂典；禍福相依之理，老子遺訓。前事之不忘，後代之元龜。受災罹難之家，傷心奪魄之人，似宜排愁破涕，自求多福。何必銜哀蓄怨，徒勞神思？化悲憤為行動，易沮喪為奮發。則多難以興家國，殷憂以啟聖明，災禍之作，或為福履之徵也哉？

聲律與六朝文學序

(89)

魏晉以降，梁陳之前，亂多而治少，分久而合暫。粵自三國鼎立、漢賊互爭，暨於南北瓜分、夏夷交侵，中有六代，都在健康。江山半壁，非春秋一統之義，金粉六朝，實風推全盛之期，詞人才子，騁奇采為勳績；詩文歌賦，競巧韻為傑構。文學一詞，義遂廣狹，體制不一，範圍殊異，廣之則文筆駢散之間，總有韻無韻之作；狹之則詩賦儷辭之體，唯沉思翰藻之什。筆類散作，殆以立意為宗；詩賦儷辭，則以用韻為術。體性既殊，文質有別，載道遊藝之用，嚴然分塗，尚義崇詞之風，迥焉異轍，茲所論述，聲律標題，當以狹義有韻為範圍，詩賦儷辭為主軸。則聲律與六朝文學，殆如雨露之潤草木，稗秣之豢牛馬，其為發榮之根源，奔騰之動力，昔人比諸天地之精靈，宇宙之秘寶，將以搖蕩五情，輝麗萬有，豈止衣被文囿，迭代宮商而已哉？

蓋詩歌所興，始於生民之初，聲律之起，擬於自然之韻，野老吟風，樂師表律，莫不志感絲篁，氣變金石，季札觀詩，定雅頌之數；孔子評樂，讚韶武之美。故知聲律為用，有自來矣。唯前修用字，聖賢織詞，宮商偶諧，不勞經營。迨乎六朝，音學大昌，陸機務迭代之美，范曄識清濁之辨，周顒之騰音激律，沈約之浮聲切響，皆務宮商之調和，律呂之協暢。於是文學面目一新，文章體制丕變，或謂善識聲類，方能耀藻；或謂非達音旨，不可言文，運會所趨，影響所及，詩賦之變化，體繁而聲和，文章之成長，詞工而韻諧。劉師培《中古文學史》云：「音律由疏而密，實本自然，非由強致，試即南朝之文審之，四六之體，粗備於范曄謝莊，成於王融謝朓。而王謝詩亦漸開律體，影響所及，迄於隋唐，文則悉成四六，詩則別為近體，不可謂非聲律論開其先也。又四六之體既成，則屬對日工，篇福益趨於恢廣，此亦必然之理。試以齊梁之文上較晉宋，陳隋之文上較齊梁，其異同之跡，固可比較而知也。」然則音律由粗疏而細密，由自然而人為，原其所以精研於齊梁者，實因晉宋為其前導也。蓋由晉宋之疏簡，而及於齊梁之精密，由晉宋之自然，而及於齊梁之人為，由陸機而范曄，由范曄而沈約，是猶椎輪增華而大輅，積水加厲而層冰，沈德潛《說詩晬語》云：「詩至於宋，性情漸隱，聲色大開，詩運轉關也。」范曄曰：「性別宮商，識清濁，斯自然也。觀古今文人多不會了此處，縱有會此者，不必皆從根本中來，言之皆有實證，非為空談。」劉宋聲色大開，詩運轉關，范氏但知制韻之理，而不知調音之術，唯沈約巧用宮商，妙達音旨，而後聲律之學，大昌於世。《南史．庾肩吾傳》云：「齊永明中，文士王融謝朓沈約，文章始用四聲，以為新變，至是轉拘聲韻，復踰於往時。」於是文人學士，群相推轂，而輕重之和，短長之節，鏗鏘並奏之調，咸韶齊鳴之音，沾溉於詩賦騈辭，流轉於字裡行間，影響所及，雲蒸霞蔚，文章之體制風格，蓬然轉易，如千峰之競秀，萬象之爭奇矣。

臺北大學第一屆校慶賀聯並序

(89)

蓋聞明遠賦裡，四會五達之莊；子安序中，人傑地靈之郡。「臺北」才力殷厚，榮華稱諸城之雄；「大學」士子精妍，俊秀冠百校之首。誠青衿嚮往之勝境，宿學傳授之雅府。黌舍櫛比鱗次，覆壓之里地百十；俊才霞蔚雲蒸，培植之桃李萬千。門牆巍巍，園分二區；菁莪濟濟，學開五院。猗與麗矣！雄乎壯哉！

緬維本校創建之始，適值臺灣光復之初。因陋就簡，不求規模之大；應時濟需，無事體制之精。篳路藍縷，披荊斬棘。師生間患蹉跌，靡畏苦辛，亟思出拔，不病寒暑，雖主修行政，而輩出秀才，井渫為用於世，身修見序於國，勳庸卓著，貢獻輝煌。

既改院法商，更上層樓；合制興大，益臻美境，素質躋升，精神躍振，規模廣大，體制宏偉，聯招取才，既精挑以細選；啟發教學，復刮垢而磨光。播書種於校園，奏弦歌於黌舍，廣化育於陶甄，慎評量於考課。於是人才出焉，校譽美焉。濟濟彥傑，世之楷模；槃槃俊英，國之樑棟。或為政壇瑚璉之器，或成經濟卓犖之才，或掌商界之牛耳，或居教育之馬首。台灣奇蹟，躬逢盛事；亞洲小龍，親著偉勳。裨益國運，胡庸待言？

近以順應時代之潮流，切合教育之政策，環觀周圍之境，深體現實之需，為提昇質量，衺廣幅員，故卜地三峽之郊，分名興大之外。校長苦心孤詣以籌劃，師員殫智盡力以經營，增院添系，附益師生之陣容；起棟築宮，強化黌舍之品質，遂成「臺北大學」，深副「國學」之義。則城鄉兩處，雖有囿別，而北峽二區，實為一體，城居交通之利，便於在職修業；鄉擅環境之優，宜於時教傳學。且彼此接鄰，交通絡繹，一體為用，市郊相融。故校史雖久，其命維新，校務雖繁，筋力十足。則泮林好音，地靈必出人傑；周原飴味，精誠迺開金石。是知校運再造奇蹟，無待著卜；新猷重開盛景，有因必固矣。

今逢第一屆校慶大典之宏開，發憤作文以記盛，雖吟頌連篇，難美教澤之形容；賦詩積篇，何盡師庸之歌詠？故願共勵湯盤之德，齊奏天保之音，且聊綴聯語，用增頌美云。聯曰：臺海俊英聚一堂，有容乃大；北南道藝超千數，無外皆學。

送淡江大學教授　王甦先生榮退序　(90)

夫學者埋首載籍之中，潛心篇翰之際，銷鑠歲時，衰隕體貌，猶不能通經明道，比響聯辭。斯殆學失宗旨，心多旁騖，舍本逐末，棄精華而拾糟粕，避重就輕，賤根幹而貴枝節，不率典文，唯務俗說。甚且鑽仰治學之法，而不披吟於篇章，矜伐利器之精，而不攻研於簡策。是猶空礪斧斤，不啟山林，徒織網罟，不入江海。是以皓首窮年，仍是面目可憎，殫精竭慮，依然紙札無情。連篇累牘，不出字林音訓，積案盈箱，唯是閭里小品。不探聖賢之至道，無涉章義之宏規，莫揆之於典訓，何裨益乎勸戒。言乎用則無地，論乎施則無所。經典正義，闇然不彰，麗辭雅篇，湎焉已墜。甚矣哉！文之橫流，一至於此！

唯王教授則不然，治學有本，攻木有序，由小學以通經旨，明經旨以體聖道，饜膏飫澤，吸髓吮精。是以根柢槃深，識見高遠。又復藻思綿眇，興會飆發，闡揚儒術，則銜英而佩實，決羽詞人，則含芬而咀華。故典雅巨麗之作，粲溢文囿，婉轉綢繆之思，瀰漫騷疆，莫不託理以成其製，因文以表其心。蓋腹藏詩書，手騰風雨，湧混混之原泉，激湯湯之活水，左右抽旋，無不如意，著作等身，固其宜矣，有本若是，豈溢美哉？

當先生之執教也，則又別有術方，胸藏翰墨，啟發諸生，身懷德操，陶鑄後學。深入淺出，勤誨而利導，長善救失，勸學而戒嬉。是以負笈受業之徒，不遠千里，橫經問道之士，無辭萬辛。鐘聲嘹喨，響窮淡水之濱，詩韻鏗鏘，音騰校園之內。傾囊而授，敬事以敏，愛才若渴，說士猶甘，有教無類，俊英逾三千之眾，至誠不息，鳳曆更四十之年。尤以主持系務，經綸行政，賓延名師，尊崇碩儒。更使教授名流，四處來集，青衿學士，八方會聚。系風中規中矩，即似繩墨之合度，文詠愈唱愈高，殆如日月之麗天。淡江中文，名傳遐邇，挺楨幹於兔園，卓著勳庸，縱騏驥於高衢，大騁馬力。或沉潛文囿，泛覽詩壇，深研綴辭之術，熟諳比韻之方。或論衡國故，平議舊典，恢宏「祖述」之勳，闡發「憲章」之義。先生作育之功，蓋不可數計也。

近以其暇，旁溢為聯，固是文人之餘事，壯夫之小技。然才華卓越，信手巧對，皆文采炳然，辭義可觀。譬諸留使催書，應命立就，倚馬作檄，揮翰俄得。慧智之敏，文思之速，蓋如成誦在胸，宿搆於懷者也。今即告老而歸，想攝衛為宜，餐飲適時，寢興多福。所望退而不休，老而彌壯，談經述訓，無移白首之心，賦詩作文，靡降青雲之志。則矍鑠是翁，健筆老成，文宗詩豪，代有其人，聯聖雅號，舍君其誰與歸？

林公鐸先生全集序

(90)

夫學者沉酣載籍，翫繹簡編，焚膏繼晷，和熊苦志，乃能蓄經綸以弸中，散藻采以彪外。或專實用之學，效績於體國經野；或恃俊逸之才，騁能於比響聯辭。才子學人，區以別矣。欲其才學無偏之士，賞用兼具之文，求之古昔，蓋不多見。唯我瑞安林公公鐸，其兼擅兩者之美，上而抗懷千古，下而垂範萬代者乎！

先生瑞安賢士，民初學人，娩而失恃，繼又喪怙，寄養外家，煢煢獨立。季舅視甥如子，鄭姨寓嚴於慈。渭陽情篤，誨之以義方；從母意深，責之以聖訓。故而心雄終賈，志高嵩衡，幼齡而畢五經，弱體而通六藝，詩書沉吟於視聽，禮樂從容於動靜，名振江南，聲高浙右，心好純真，性樂完美。掎摭利病，雖在聖而不諱；顧慕風流，必見賢而思齊。駁孟子「啟賢」之謬，年方小學，擬王通「義濟」之言，歲在舞象。意銳思敏，氣猛神清，器宇恢宏，識度淵懿。論政嚴厲而中肯，教書從容以盡聲。妙解文章，不以辭翰為勳績；沈耽學術，必濟經世之大用。樂群經而說諸子，觀文囿而覽辭林。闡管晏之謨猷，條晁董之策論，見國事頽唐，則陳詞以針砭；觀文運氾濫，則發論以障挽。觝排五四之淫辭，提倡文言。，攘斥盲瞽之詖義，敦崇儒效。砥柱橫流，阻其狂奔之勢；干城國故，暫免烈焚之災。議動風起，理發雲蒸，機鋒側出之辭，率常屈其座人；原泉傾瀉之論，咸皆服其門客。然新眾舊寡，庸能止沸？語易文難，何克馴徒？初學之銳，或指之為「古董」；躁進之徒，或瞪之以「白眼」。是以新潮狂流，舊學崩潰，千古浩劫，百代長嘆。雖曰先生無奈之憾，亦為傳統不競之殃，悲夫！

先生秉耿介不隨之性，抱蕭灑無拘之懷，慷慨任氣，磊落使才。執鞭無倦，多歷膠庠；敬業有終，大栽桃李。在眾不釋其樽，居常愈見其醉。憤世嫉俗，天下無當意之事；善教憐才，四海多歌庸之徒。當意事少，似若孤憤；歌庸徒多，迺其精誠。孤憤有傲世之目，精誠為服眾之資。先生可畏可愛之狀，見於行履；既嚴既溫之風，播諸言談。卓爾不群之格，嵩華弗屈；確乎不拔之操，威武靡屈。貞固之節，銘勒世人之心；純懿之行，鏤版青史之冊。藝文則詩辭歌賦，刻露清秀；學術則經史子傳，渟蓄精微。道德文章，深造自得，無絕詩書之源，不迷仁義之途，彪炳辭學，啟沃世情。今其人既往，其文克定。是用搜索爬羅，採摭輯錄。斷簡殘編，必加稽考；片言隻字，未易棄擲。錄公室典藏之篇，訪私家珍寶之墨。蒐羅匪易，稽徵實難。蓋以事隔甲子之久，時多板蕩之災，陽九之厄，百六之殃，楮墨或入塵埃，軸箱或從灰燼。故今之所集，恐有遺漏。然大體已具，面目初形。敷衽而論，如有可言：先生治學，成就卓卓。群經諸子之精通，固所不談；文章詩賦之專擅，宜其毋論。性命之談說，倫理之辨正，政治之平議，史學之紀聞。言洽世情，論據彝道。皆慧眼獨擁，匠心別具。談前修未議之精，掘昔賢未闡之奧。可謂發口屬筆，淑世益時，鼓天下之動，通古今之情者也。至於掘老道之奧旨，綴文心之幽芳，精言綺合，妙語星稠，致足令人凝神而仰慕，會心而下吟。是倚槃深之根柢，發扶疏之枝葉；假沃若之膏油，摛明曄之輝光。學術文章，一以貫之：夫周情孔思，輔以英華而益聖；班香宋豔，濟以事義而彌芬。先生用老子虛靜之懷，耀文心龍章之術，傑文叡製，信手拈來，妙句哲言，脫口道出。諸如「孔務發而老務收」，「孔主張而老主弛」。哲理深眇，學者沈思；「彥和蓋有道之士」，「文心為明道之書」。定義特殊，文士品味。精言妙辭，披瞽駭聾。固世士之所罕匹，後學之所莫及者也。屢聞先師景伊之言曰：「先叔公鐸學問博洽，才華高超，既精老子，更工文心。常道人所未道之『道德』，雕世所未雕之『雕龍』。」今讀其書，戚然有感，彷彿再聞「師言」諄諄、復見「師範」翩翩者乎！

本書之成，頗經艱難，費時者久，耗力者多。先是師姊慰曾之渡海蒐羅，歷盡辛勞；次為大師兄耀曾之鼎力支持，殫精竭慮；而三師兄煥曾之策劃總成，奔走效力，益見思念祖輝之心切，弘揚世德之意真。余則緬懷先師之教澤長被；感念師兄之孝思不匱；私淑公鐸先生之品高德劭，才俊學優，立言淑世之宏功，樹德垂後之雅範。故樂為之序云。

〈駢散異同之比較〉序

(91)

夫文德與天地並興，儷古隨篇章俱始。魏晉之前，辭總單複；南朝而降，文呈儷偶。自是儷古分疆，駢散異體。競逐千年，互為消長；馳騁百代，各領風騷。體既囿別，用斯區分。而世之學者，或莫明底蘊。尚古者快乎鄙儷，宗駢者愜於非散。斯皆蔽在一曲，謬成萬端，篤拘偏頗之見，不達中正之觀。流弊所及，頓失權衡。譏彈在人，掎摭隨意。儷辭矞皇典則，或遘「俳優」之謗；古文雄深雅健，或遭「別調」之譏。如此薰蕕異器，冰炭難容。以致龍章鳳采，猶蒙儒硎；才子詞人，若填士壠；石頭書郵，浮沈隨運；荊玉叡品，珍屣在人。翰墨無祿，謬見輕重。罪非儷古，怨在學者，不諳世情，靡通時序，拘墟束教，未達四會之莊；蔽曲坐井，無暢複關之隩者也。故為淵流其辭，詳略其體，程式異同之疆，品藻得失之旨。庶能發蘊飛滯，效一得之愚績；披世正名，督兩歧之偏見。則文雖剽古，義可用今；辭雖覆醬，利足成俗。進學日益，預觀其精；謀道無憂，遲覿其庶。雖於學術傳薪，不敢妄議，然就辭藝獻曝，或有取焉。

至於駢散書辭，篇章總體。賞用不同，色質有別，大纛既樹，嚴郛斯分。茲為明其綱領，顯其毛目。用特論源溯本，剖情析采。標六目以區二體；分文質以定賞用：一曰外形之差異：外形兩歧，駢散對壘。二曰內義之不同，內義迴殊，駢散異界。三曰功用之囿別：功用既別，體裁斯判。四曰性質之區分：性質已分，文筆乃辨。五曰為文之態度：營駢多率爾操觚，摛散常發憤秉筆。六曰製作之技巧：雕偶宗鏤鑄之術，舖奇主描述之方。二者大較，義殫乎此。

夫六目既形，二體斯判，文質聿別，賞用乃分。吾人居今以識古，處後以望前，宜識深見奧，靜慮澄心。若權衡之平懸，不作其輕重；如水鏡之明設，無意於妍蚩。必能銓理不失於偏頗，照辭無溺於愛憎，復有挾儷以攻古，宗散而抑駢者乎?則文德高義，初質而後麗，章學盛事，歲久而彌光。辭林多士，不廢古散之體，文苑百代，競騁儷駢之莊矣。

祀中華民族歷代詩人暨詩研所諸先賢文

(91)

維中華民國九十一年十一月吉日中華學術院詩學研究所名譽所長張定成、所長朱萬里、中華詩學雜誌社社長羅敬之偕全體委員謹致祀於我中華民族歷代詩人暨本所諸先賢在天之靈曰：

蓋聞茫茫往代，文德與天地並興；款款深情，詩詠隨生民俱始。大塊天成之章，妙手偶得；情志自然之韻，隨意俄來。分樂為曲，總情為詩。鈞天九奏，葛氏八闋，感物吟志，聲教在昔。黃唐虞夏，抱質懷文，體制始彰，功用斯顯。商周楚漢，篇什煥麗。升降謳謠之辭，頌德為主；聖賢發憤之作，宣志為歸。體法見於六義，興廢觀乎四始。楚興騷辭，豔藻軒翥；漢出古樂，雅音高騰。魏晉盛五七之言，清麗為本；南朝創近體之作，工整居宗。唐室格局，恢宏峻深。百花齊放，綺景華工；萬派競流，鼓怒壯闊。兩宋詩詞異疆，各擅其場，作家輩出，叙品繁臻。元朝戲曲殊區，分庭抗禮；明代新舊兩極，爭氣負高。有清詩歌，風情萬種，頌美歸典雅之懿，傷時吐悽惋之音。暨乎中華開國，邦命維新。濟濟多士，會集八方；昂昂俊才，吟哦一室。振金谷之逸響，奏南亭之高韻。而哲人日遠，芳流未泯；餘音浸希，風神如在。

緬惟歷代騷人，詩壇先士，形雖銷鑠，範猶翩躚，高才齊天，盛藻耀日。詩成法立，傳文則於後昆；歌出律和，揭音理於來學。所以情往詠古，詞來切今。詩典型長存，風流永駐。飛文染翰，後生顧慕之標；赤軸青箱，來者沉酣之府。詩意所因而靡窮，辭興攸繫而不盡。

茲值大會之宏開，適高朋之雅集。節逢泛菊，序屬佩萸。天朗氣清，日麗風爽。泛醑浮觴，必有緣情之作；詠言敘舊，非無激感之章。然助我抽乙乙之思，成皇皇之曲者，寧非乞靈於往哲，假寵於前修。同人等雒誦落木秋詩，黃花瘦句，嘗感明月風急，重陽神興，其彷彿隨先賢以吟哦，仰雅範而企慕者乎。

《臺灣現代散文學術研討會論文集》序

(92)

夫文者，表達情志之錯畫，摹寫事物之象圖也。蓋情志藏於中，布舒為辭；事物麗乎外，描繪成采，辭采為用，總稱文章。吾國歷史悠久，幅員廣大，悠久故古今之體屢變；廣大故南北之風恆殊。惟代有升降，時有淳漓，一代有一代之文，一時有一時之作。騷賦懸絕於風雅，駢麗迥異乎古散，魏晉難為兩京之侈闊，唐宋莫能六代之綺靡，此所謂古今之體屢變者也。若夫楚語楚聲，楚辭悲壯頓挫；齊謳齊氣，齊詩紆徐闡緩，河朔詞義貞剛，氣質為重；江左宮商發越，清綺是依，文運易革，繫乎土宜，此所謂南北之風恆殊者也。

臺灣峙立海中，人稱仙島。先民篳路藍縷，啟山林以稼穡；宵衣旰食，植桑麻以紡績。安於畎畝，樂夫天命。洎乎荷人統治，始見深耕易耨；鄭氏經營，用能開物成務，清廷之移民實疆，熠煥絲綸；漢裔之秉文含章，潤澤島陬，黃唐舊物，漸移海濱之區；華夏古風，直吹夷洲之表。數百年來，陶冶鎔鑄，美麗之島，婆娑之洋，煥乎唐世之盛，治化貴文，郁哉宗姬之美，禮樂行政。而大災突生，倭禍旋至，滿清巽儒，曲徇日寇，宰相割地，蒸黎逢殃，暴政猛虎，民心思漢，厄運之極，終古未有，群生嗟徯后之怨，黃魂望復蘇之殷。其間文學蓬轉，用夷變夏，但炎黃子孫，唐虞苗裔，潛隱閭里之隅，陰圖衣冠之舊，口吟漢學之編，手披國故之冊，唯以風俗民情之變，制度名號之別，景象異稱，言語殊調，至使寫物圖貌之方，趣舍或乖；發口屬筆之術，出入或歧，橘逾淮而變枳，根麗土而同性也。

及日寇北走，臺灣珠還，政府播遷，吾道遂南，國學儒術，盡萃島嶼之中；藝文風騷，遍及閭閈之野。但以歐風挾雨之侵，西潮激湍之盪，民主之思澎湃，科學之用神奇，耳目一新，如清涇之所宕滌；洚濤驟至，似鼓怒之所豗擊。於是散文寫作，藝壇稱雄，俱島國之特色，有新生之活力，赤霞千里之標，皎皎觸日；襄陵萬丈之浪，滔滔沖天。一時顯學，莫之與京；百代文運，號為觀止。然振葉尋根，沿波討源，百家騰越，終入環內，譬諸千枝競秀，本乎獨木之榮；萬派爭流，出自一山之源。懷鉛吮墨之徒，抱簡抒懷之士，臨篇綴慮，不可不察也。

「臺灣」為南服瀨島，「散文」稱今日瑰寶。蓋由北至南，世情丕變；從古到今，時序數移。世變故「北風」不競，時移故古範靡旌。「北風」不競，則易呈輕綺之華；古範靡旌，則難復藍蒨之色。明鑒世情之變，通達時序之移，始可按轡後乘之車，環絡前藻之府，不作研討，無由更進，故精心籌謀，全力從事，踵企頸延，期大會之宏開；耳提面命，冀諸生之廣集。爾其槃槃講席，發篋以吐高論，青青學子，叩鐘以聽大鳴，故相說以解，廣譬而喻，功效宏彰，厥修益敏。

綜觀大會之主題清新，作品宏富，多士雲集，高議雷鳴，睿製連篇，霸采累紙，興多辭華，諷高眾賞，讚先士之奇翰，心存嚮往；覽前修之雄文，情駐瞻望。或論「創作」之方，或談「詩化」之由，或評專家之名篇，或述書寫之策略。高議雷震，名言芬霏，吐自胸臆，無假含毫。今會合諸篇，都為一集，付梓以啟後來，勒石用垂永葉，名曰：「時代與世代」，書成，余樂而序之云。

自古嵩壽，仁義是依；從來俊才，母儀所鑄 (92)

期頤嵩壽，來自義仁之因；俊英大才，稟乎聖善之教。維慶煌之太夫人慈暉廣被，樂善好施；四體健朗，五神敏慧。攝衛有術，保身不稟於丹砂；居家惟宜，處世率本乎禮義。寢興多福，俯仰無憂；日夜勤勞，樂天知命。生活簡樸，棲遲衡門之間；心情開朗，操作煩促之事。無旨酒而難老，由乎樂觀；乏玉瀝而長生，肇自淑性。事夫本無違之訓，惟敬惟恭；教子以自立之方，既術既德。半生鞠躬操作，勞怨不辭。乏顯赫之家聲，微崇隆之名望。而行止無愧，言談率真。中年喪耦，獨力撐家；雛口嗷嗷，庶上天之速眷；母心戚戚，期鴻運之儻來。居陋守約，不以困窮而憂；撫甑拭塵，無因飢餓而怨。所望子女之出類拔萃，顯祖興家；拓殖生資，蘊崇福祚。

誠以天行有道，去來之際循規；世運無常，否泰之間隨會。沍寒既盡，陽春發生之辰；惡運既除，泰順來暨之日。太夫人苦心千萬，勞頓百般；今則子女有成，至足為慰。尤以慶煌之俊傑卓犖，博學廣聞，執教上庠，嶡蒐露角。更屬膠序泰斗，子衿仰止之師；梁園俊英，學者稽疑之友。翱翔乎經傳之籍，見解日精；翫澤乎詩詞之園，風流彌著。鶯鳴求友，往來逾世之長；蛾術乞靈，切磋萬千之數。筆酣墨飽，思敏才優；馬上詩成，席間對就。陳氏有子，方日就而月將；母儀多輝，正昏寧而晨省。

不悟爾來體貌日耗，精神漸衰；如末景之難昭，似餘波之不汎。而猶安時樂命，若無覺於勞生；節用惜財，殆甚憚於累後。竟於中華民國九十二年七月六日辭世，上距嶽降之辰，清光緒三十二年十月十二日，春秋九十有八，可謂福壽備矣。子孫隨侍在旁，依古成禮，親友承聞赴弔，悲顏傷情。嗚呼哀哉！壽命長短，隨造化而奚疑？人生樂憂，由天情而何怨？陳母林太夫人九如俱至，出茲英華；三多全歸，宜其息胤。故知自古嵩壽，仁義是依；從來俊才，母儀所鑄也。

先妣楊太夫人事略

(92)

先妣楊太夫人，諱辨，世居溪湖，楊家獨女，年二十，來歸先考陳府君，佐其農耕重擔，掌管家計細務，上事公婆，下育子女。來去田間，盡力於耕作；出入廚房，用心於烹調。以女子而並主內外，用一身而兼任數事，若非先妣之賢慧多才，何能如此？

當先妣之初適陳家也，正值日據時代，物資短促，生活艱困，彰化濱海之區，尤見貧辛。極目而望，風起沙飛；駐足而聽，鳥叫蛙鳴。下者為沼澤，上者為丘陵，良田沃土，無處尋覓。先妣不惜肢體之勤勞，無畏工作之苦辛，隨先考以開疆拓荒，披荊斬棘，移丘陵為平原，填沼澤成良地，生活所資，稍有依靠，先妣之功也。

先妣育有七男二女，大者攀衣，小者乳抱，如此循環者數十寒暑，其過程遍嚐辛苦，歷盡艱難。回憶松雄就學時期，台灣經濟尚未繁榮，為籌學費，常至窘境，先妣有時借貸不足，則變賣首飾，變賣不足，則外出打工，以為貼補，艱辛若此，先妣非但不以為苦，反而鼓勵有加，曰：「汝但管讀書，其他問題，不必憂慮，只交由父母為汝設法可也。」追思至此，能不掉淚？松雄亦念茲在茲，庶幾不愧。及松雄獲博士學位，且執教警察大學、東吳大學，先妣又曰：「血汗無白流，努力乃有成，我雖辛苦，尚復何求？」嗚呼！先妣期望之意，溢於言表。至於二弟明正，三弟權相，四弟滄敏，五弟聰郎，皆在鄉務農，各安其業，且子女成群，至為和樂。六弟錦松，從事交通服務，七弟榮華，經營中藥買賣。大妹寶玉，二妹寶花，亦早已成家，長養子孫矣。

嗚呼！先妣雖不識詩書，而能深明大義，持家有術，待人有恩，入則教子事親，出則務農耕田，歷數十年之含辛茹苦，勞瘁不辭，本宜安享晚年，福報平生，但卻於民國七十八年因車禍而頸部受損，行動不便，一切飲食起居，皆需他人照顧，十餘年來，萬苦備嚐。筋骨刺痛，常至難忍；胸口鬱悶，幾於休克。更有病切肺腑，傷及骨髓，苦痛之狀，更非子女所忍描述者，嗚呼痛哉！近以長年臥床，全身機能退化，百痛交侵，竟於今年四月八日棄不孝而長逝。嗚呼！不孝如松雄，未盡子責，將遺「欲養不待」之憾，悠悠蒼天，曷其有極？謹述事略，不能萬一，臨文悲痛，不知所云。九十二年四月十日孤哀子陳松雄泣述。

《翰苑英華》序

(93)

夫文之為德，興於天地伊始；辭之動物，肇乎生民厥初。故宇宙萬象，杼軸以成文；胸臆百思，布舒而為辭。通兆民之心，鼓天下之動。創古迄今，源遠而流長；載道遊藝，體大而用周。文章盛事，豈謂德行之餘？辭賦君子，何損壯夫之節？敦書達政，始著經國之業；據德通玄，方播砥行之聲。士子立志，可不先學文哉？

聖經賢傳，布在方冊；諸史百家，溢於簡編。洞情靈之奧妙，闡事義之精深。辭尚體要，弗惟好異；旨歸溫雅，無所趣詭。章義廣列，昭如日月之明；法度高懸，灼若星辰之行。書辭歷久而彌雅，典範垂今而愈珍，不刊鴻教，無極驪淵，固群言之冠冕、眾作之祖師也。

自楚漢以降，眇焉悠邈，聖賢不作，才士輩興，體情之懿漸漓，逐辭之風日盛。詞人墨客，則名溢於汗青；飛文染翰，則卷盈乎緗帙。西京侈潤之華，羽儀乎周道，建安艷麗之采，祖襲乎漢風。太康騁辭，導六代之積習；南朝數典，引三唐之徵聖，韓、柳稱古體之英，歐、蘇號散文之傑。有明八股，馴致小品可觀；遜清考證，寖假儷辭用霸。百代文運，粲然可徵！

粵自先秦暨於明清，經傳至乎駢散，代有升降，體多變移。而世出英才，時積叡製，筆墨之所揮灑，積案盈箱；簡冊之所聚集，汗牛充棟，苟非探源討委，拔粹簡精，蓋欲授徒，戛戛乎難矣！故今選編成冊，名曰《翰苑英華》，篇同《大衍》之數，文合上庠之用。教授鼓篋，許為大雅之本；青衿攻木，視作洪範之書。至於編輯體例，有待具條說明。

一、教學宗旨：醲郁當前，諷誦方美；膏腴在列，烹調始珍。故本書之成，目標遠大。期學子由好樂而沉潛，因沉潛而記誦，積學以儲寶，因寶以富才。

二、文言編寫：車前教駕，務為先導；文言編書，期作楷模。庶使初學者優遊其間，日涉成趣，吟咏之際，亦步亦趨，切磋琢磨，自能文言。

三、家止一篇：一臠知味，無需遍鼎；半《論》治國，豈待群經？是以載祀三千，士子盈萬，名家大作，積書滿篋，但能止選一篇，曾無與二。庶乎普遍，靡有遺才。

四、作者生平：知人論世，孟子所貴；察化觀風，《詩序》攸高。是以欲讀古人遺翰，先詳生平；欲知作者生平，先悉事略。本書之撰寫作者生平，言簡（四至五百字）意賅，涵蓋時代背景、經歷事略、文學風格、成就影響云云。

五、簡明題意：摘要鈎玄，進學之方；提綱挈維，執中之術。本書各篇大意，摘要提綱，先解題旨，次言大義，藉注一以表述，乃另類之作法。

六、注解字詞：解字說文，將欲釋難；據事類義，要在達旨。本書之編，著重於此，凡艱澀字詞，必詳為注解，先明其義，後引其典，援正詁以消歧見，據古事以證今情。

蓋有南威之容，乃可論於淑媛；具龍泉之利，斯能議乎斷割。是知評注文章，事最艱難。本系幾經商榷，趨百慮於一致，多所研議，會殊途於同歸。然倉卒之間，謬誤難免，尚祈博雅君子，不吝指教。茲對參與編輯諸師，特致萬分謝忱，並將大名刊列於後，用表欽敬。

《陸宣公翰苑集注》再版序

(93)

夫文章述志為體，經世為用，抒情為歸，鋪采為術。體用合德，翰墨乃珍，情采共篇，書辭必霸。而自古作者，鮮能備善。或以摛文為本，或以立意為宗。摛文者務采色之工，立意者尚質氣之富。唯唐宰相陸宣公獨懷文抱質，弸中彪外，體用無偏，情采並擅。彬彬乎翰苑之儒生，巍巍乎廟堂之寶器者也。

公儁國之士，名世之臣，才華卓異，識見淹通，好學自勵，博聞多能。縱橫六藝，沈浸哲人之驪淵；貫穿百家，洞明諸子之方術。服膺儒雅，鑽仰典墳，祖述聖賢之誥，憲章政治之經。援引故實，事必徵諸載籍；草擬奏詔，義恆歸乎翰藻。詞比匡、駱而用周，筆似燕、許而言切。可謂總四部而俱通，跨三唐而孤出者也。然逢時不造，仕君非賢。初雖臣主相契，終自冰炭難同。德宗以干戈為兒戲，而宣公以消兵為聖功；德宗以爵賞為虛號，而宣公以名器為大綱；德宗心多猜疑，而宣公勸之以推誠；德宗性本苛刻，而宣公諫之以忠厚。義正詞婉，興高采馥。至於散財聚民之理，昭德塞違之義，用賢舉政之方，罪己應天之法。莫不華辭熠燿，逸響鏗鏘，精言潤乎金石，正義薄於雲天。雖曰王佐，實乃帝師。昔東坡上疏，比其議為靈藥；國藩畫像，擬其人為聖神。無奈德宗鄙闇，正邪不分，憚忠鯁之咈心，甘阿諛之從慾，以順旨為奉公，視獻譖為盡節。失德無鳳，非時有麟，諫諍為逆，啟沃曰讎。人事謬悠，天道奚論？

嗟呼宣公才學超倫，盡宣哲於元輔；言論切實，全敷奏於僻君。高邁之行，不顧爭引之患；貞固之操，無畏斧鉞之誅。糾姦除惡，勁節凛於冰霜；守正嬰鱗，浩氣塞乎天地。而庸主不亮其誠，佞臣咸忌其才。志未伸而鬱伊，情靡愬而愴快。草奏擬詔，篤志曲暢。長於議論，工於馳騁，巧施杼軸，善於鋪陳。布赤心以譏時病，懷忠懇以事暗朝。說理則詞婉而暢，論事則義盡而詳，纂組錦繡，諧協宮商，取義蘊於六經，得章法於文選。宏論纚纚，嘉言諄諄，氣象雄偉而廓清，形貌恢宏而壯麗。金相玉質，諷高歷賞。為政者得其明略，懷鉛者菀其鴻裁，砥行者愛其廉貞，勵學者嗟其博贍，銜采佩實，比聖賢之雅麗；含英咀華，饒士子之情靈。信乃辭林之瑰寶，藝苑之楷模也。

夫唐氏以降，多歷年代，雖緜世浸遠，而德音猶存者，實賴其詔奏事君之誠，謨猷經國之業也。後人輯其翰墨，次其簡編，凡擬表奏上之篇，代言詔下之誥，合成翰苑之集，貴逾太學之碑。世界書局率先出版，業已售罄。今應各界深盼，預為再版，用盡文化之責，以勵世人之心。付梓之前，丏序於余，余嘉其關心國學之切，效力文壇之殷，故樂而序之云。

《有鳳初鳴》第一期序

(93)

夫治學之方，功在「研術」；聘才之法，妙在「練辭」，研練並施，文德其庶。而近代士子，才學多偏。或徒事華辭而無根，或繁積成說而乏采，無根則事義不舉，乏采則情靈不標。而人之稟賦，憎愛異分，蓋欲兼功，亦良難矣！一曲之蔽，千載為瑕。所宜深慎，豈可忽哉？

本系教學，務執厥中，既課之以「練辭」，復申之以「研術」。尤以碩博諸生，學撰論文，沐髮晞陽，感受最深。當正業已習之後，在厥修既敏之餘，必作小論，以供審查，或刻梓於集刊，或研討於大會。程序明密，術方嚴謹，人人自勵，家家自寶。然付刊刻梓者，歷久長存；蒞會研討者，隨聲即逝。既失公平之旨，亦乏勸誘之因。故諸生建議，宜兩制並行，幾經討論，始創此刊。幸投稿有方，感立言之無價，著作一增，信心十足。內備「科考」之用，外作「學力」之徵。又復練辭研術，相得益彰，理舉而義暢，采烈而興高。凡動於中者必形乎外，感於物者必措諸辭，既利鋪摛之術，復增述作之才。學者急務，莫外乎此。

緬惟先哲盡述作以成書，極鋪摛之能事，敷寫器象，彌綸憲章，言未嘗質，辯必用雕。故麗辭雅義，不絕篇翰。吾人仰德不暇，諸生期勉乎哉！《文心・體性》云：「藻耀而高翔，文筆之鳴鳳。」鳳兮鳳兮，何德之盛？翰舉沖天，彩飛耀目，備色而骨勁，豐羽而氣猛，以擬文章之美，可謂善於取譬矣。因以「有鳳初鳴」之刊，用登與會學子之作，蓋望諸君之藻耀而高翔，文筆之出眾也。

《先秦兩漢學術研討會論文集》序

(93)

先秦之世，聖哲殷興；兩漢之朝，英賢輩起。殷興故經傳百家騰越，德義之門大開；輩起故詩文辭賦飛奔，後乘之車長馭。開德義之門，主乎經國以成務；馭後乘之車，要在發志以揚己。用心不同，成就遂異。伊先秦兩漢之學術，可以囿別而區分矣。

夫三代群經，聲若洪鐘之巨響；東周諸子，辯如機鋒之側出。聖人敷化教民，辭必溫雅；哲士述道見志，義必豐贍，尚體要以結辭，盡精微以陳訓，志足情信，實質弸中，緯精義以為文，吐秀氣以成采。聖訓彝經，鑒周宇宙；哲言至道，理洽天人。洞心志之奧區，極文章之骨髓。法度高懸，昭昭日月之明；規矩廣列，離離星辰之行。故能開蘊正學，流澤遺風，方策懸乎永葉，章義垂於靡窮，淵淵其淵，浩浩其天。書辭在昔，片言皆寶；聲教遺後，咳唾亦珍。儒林慕範，仰其道而彌高；秀士獵辭，掇其采而益縟。高道濟世，縟采華文。以言乎學術，則博大而高明；以言乎辭章，則彪炳而雅麗。固知千金之珠，必出驪龍之頷；六義之體，不外聖經之用。陶冶性靈，功在上哲；創作載典，智出玄聖。參物宜以利用，宮室車服；依倫紀而制規，禮樂刑政。總歸以成聖籍，闡述而為子家。稽上古之遺語，訪東周之玄珠，淵乎鑠哉！群言之祖。

兩漢英賢，繼軌先秦，去聖未遠，朴風猶競。當燔、坑交酷之餘，值道、儒迭尊之際。學者補闕拾遺，校訂魯魚之文；解玄注經，馳騁老、孔之說。塗徑殊軌，賞好異情。俊才雲蒸，叡製波屬。或敷讚聖旨，辭入典雅之懿；或依採百家，藻歸辨雕之華；或秉筆載史，書法無隱；或體物作賦，鋪采不歌；或總音撮氣以為樂；或舒文載實以成詠。學術繁會，家家自謂博物；盛藻紛翔，人人自謂握珠。既經既文，亦子亦史。紹聖代之大義，眇襲玄風；啟正始之仙心，蓬轉文學。上之則鴻教不遠，下之則雕術日工，信含質文之異氣，包雅艷之殊風。四百年間，任重道遠。體則由古而趨新；風則自樸而徂綺；義則穠郁而輕澹；詞則雅麗而工巧。受往授來之任，事最艱難；守先俟後之機，時最關鍵。殆所謂對聖哲之至道，揄揚己精；導魏晉之學術，沾溉靡止者也。

中文系大徒眾，教授藝精才高，「大眾」稱菁莪郁郁，「精高」表宿學彬彬，「宿學」「菁莪」，于喁相樂，善誨善學，功庸乃成。然激湍之下，乃暢「盈科而進」之流；研術之餘，始有「傾囊而授」之籍。盈科而進，遜志進學之方；傾囊而授，長善救失之義。是知教諭有道，學問不難，興廢繫乎體制，成敗定於師徒。周備則興，偏頗則廢；發憤則成，嬉隨則敗。學術研討，意義斐然，體制常規之會，師徒好樂之學。不可廢也，伊可頻也。

本年研討盛會，熱烈展開，以先秦兩漢為範圍，學術辭藝為主題，論文八篇，歸成四類。或為思想義理；或為文學藝術；或為章法修辭；或為小學考據。篇數雖少，包羅甚廣。昔昌黎復古，宗三代兩漢之書；桐城重文，倡章義考據之學。今之研討，不讓前賢，道文並重，學藝無偏，論不離昌黎所宗之書，語靡濫桐城所倡之學。可謂探聖賢之賾言，成文章之盛事，取精而用宏，參古以定法者也。且夫講座博通，敷衽研術於上；士子俊秀，領首悟旨於下，啟迪有方，若馬前之教駕；記覽無遺，猶蛾子之銜土。大會所就，蓋如此卓卓也。

《魏晉六朝學術研討會論文集》序 (94)

魏承建安之後，思想蓬轉；晉變竹林之風，藝文鼎興。蓬轉故輕儒術之典訓，以清談為紀綱；鼎興故重詞苑之聲華，以詩賦為君子。七賢明道於正始，仙心佛骨；八俊振藻於太康，縟旨繁文。或恐懼於政經，辭譎而義隱；或馳騁於篇籍，藻麗而聲妍。或放浪形骸，不遵禮度；或恣縱情靈，唯務吟詠。世變俗詭，興廢不同。逮及永嘉陵遲，江左偏安，黃老盛行，玄風獨扇，為學窮於柱下，博物止乎漆園。詩靡篇什之美，文背情性之真。孫許之風彌漫，遒麗無聞；太元之氣罩焉，恍惚有作。國家迍邅，多出夷泰之辭；世道玄虛，甯存矯健之氣？暨至鴻溝一劃，南北分疆。雕文刻鏤之風，愈演愈烈；貴妍尚巧之習，彌積彌深。元嘉模山範水，窮力追新；永明浮聲切響，盡情索祕。梁世艷絕而繼之以奇，陳季奇盡而加之以淫，所謂六代金粉者，殆指南朝而言也。

夫自魏徂晉，由宋而陳，載年四百，歷數六朝，雖設文之體無別，達意之實不殊，而辭風頻移，文格屢變。吾人議論，每多混一，以為魏晉通流，六朝一格。實乃根幹同性，橘枳異品，談風味則愈古愈醇，論辭采則彌近彌縟。是知詩賦書記，因隨有常之體；文辭氣力，通變無方之數。有常之體，歷久不更；無方之數，應時而易。六朝時序之移，質文異趨；世情之異，雅俗有別。筆區雲譎，詞苑波詭。學術流變，代有因革，各領風騷，豈一言能蔽？

本系規模龐大，歷史悠久，先生勤誨，弟子好學，嚴敷時教之後，敬敏厥修之餘，必假之以研討，申之以論辯，判學術之真偽，摭藝文之利病。庶切上庠肆教之義，符人師聽語之方。大學之道，術有恆數，若舍此不由，則勤苦難成矣。此次研討會學者參與熱烈，論文包含多方，講座唱于於上，生徒唱喁於下。共鳴之樂，由乎弗牽弗抑；相說之解，出於善問善答。學者有來自英倫，有來自大陸，有國內之翹楚，有本系之教師，群賢畢至，遐爾咸集。要旨則或探文學之理論，或頌作家之成就，或談志怪之小說，或論清狂之名士。補苴罅漏，掎摭瑕疵，闡揚先哲之書，啟迪後生之慮。率皆高議雲蒸，英辭霞蔚，名言四起，善譬紛飛，凝妙思以獨矜，創新見以自寶。大會之所成就，蓋如此卓卓也。至於激發志氣，通曉耳目，裨益士子，更不可勝道也。

賀許錟輝教授七秩壽序 (94)

精義入神，周易所貴；見素抱樸，老子攸高。君子處世，建言樹德，嚴乎治學之術，謹乎修行之方。而近世逐末之儔，飾巧翳實。學則蔑棄典文，而攢集成說；行則遐離本真，而攜貳正途。唯我許教授錟公深通字書，窮究經傳，沈潛乎訓義，磨礱乎志事。而能赤心推我，精誠待人，審己以度人，就因以衡理，仁厚無疆，中正不頗。所謂學博者謙謙以弸內，行高者曖曖而含光者乎！甲申七月二十日，值公七秩華誕，壽宇宏開，兕觥頻傳，宜敘清芬，用誌純嘏，禮也。

公靈秀之氣，毓乎自然；恢廓之懷，來自學養。庭詩早誦，塾教夙聞；讀書弗怠，用志不分。目之所見，必能著之於心；耳之所聞，皆可誦之於口。束髮之齡，已登藝文堂階；弱冠之歲，既遊國學門室。負笈師大，問學魯門，翔集文苑，翺翔武庫。晨覽夕披，日就月將。究《說文》之正訓，體用始分；疏《爾雅》之奧旨，豹鼠既辯。因流以極其源，披條而暢其義。九流津涉，從此直航；六藝關鍵，由茲暢開。大學四載，礎石峻立，歷碩士而博士，由小學而經傳。閱時既久，造詣彌精，絕眾離倫，出類拔萃。胸中六書，解經傳之百難；目下萬卷，擷菁華於一過。昂昂千里之駒，巍巍百夫之特，而處實若虛，居厚如薄，所謂謙謙弸內者也。

既而留校任教，呻其佔畢。馬前誨駕，務欲先導；金鐘應聲，貴能從容。傳道授業，妙援載籍之義；解字說文，直訓經傳之詞。先易後節，慶彼攻木之有序；非悱不發，樂此聽語之無倦。三十年間，培英無數，陶師資以蔚世用，授秘寶以衍薪傳。經義樹人，文章體國，先生之業，詎不大哉？

師大榮退，轉教東吳，二春再度，旨酒難老。知命正壯之歲，學問日精；積年累月之功，教澤彌厚。布張絳帳，環列諸生；擊發鼓篋，簡拔高彥。娓娓其語，棣棣其儀，仰望德星，俯播書種。經師與人師齊備，身教共言教並施，春風暖桃李之樹，時雨潤菁莪之心。平生精華，悉心東吳；他日志事，寄望青衿。美意足多，壯猷可佩，此本校之殊榮，抑亦學子之大幸也。

惟公性本和順，行維溫恭，資度廣大，氣宇非凡，宏博蓄道，澹約養生。謙沖為懷，集百技於一身；和氣致祥，隨眾人以同樂。國學之外，電腦尤所擅長；教授之餘，桌球更屬專攻。法天行以自強，積健為雄；弘聖意於眾樂，博愛謂仁。雄健仁愛，身壯心寬，所謂曖曖含光者也。

公以精義入神之學，明經致用；見素抱樸之行，竭誠應物。教學有方，育才無數，裨益國運實大，貢獻人寰已多。當今世道方新，耆英是賴。人生開始於七十，看公業如此丕顯；大椿為春於八千，冀公壽如彼無疆。以無疆之壽，立丕顯之業，萬民之大福，家國之洪休也。

駢散發展史觀

(94)

粵以乙酉之年，建亥之月，受日本大東文化大學之邀，赴該校中國學科演說，講題為「駢散發展史觀」。其辭曰：昔人述作，總稱文章，紀事載言，不分駢散。唐虞煥乎之盛，非關辭章；姬周郁哉之文，盡在禮樂。

兩漢辭賦，侈潤為風；鋪采摛文，體物寫志。軌轍殊異，術門別開，非散非駢，茲獨不論。魏晉編簡，俊才雲蒸，子建士衡，其中翹楚。陳王思緒敏捷，速似傾瀉江河；陸機辭情浩繁，工如紛披綺縠。暨至六代，政局偏安，時序世情，翻然改轍。古風告止，新體方滋，競騁文華，遂成習氣。抒情賞景，必極貌以刻雕；敷藻吐音，恆傾心於修飾。謝靈運覽山觀水，放浪形骸；顏延年錯采鏤金，敷陳錦繡。謝玄暉文章冠冕，風華特標；沈休文學術楷模，音旨獨覯。下逮徐庾，文章大成，韻調馬蹄，四六宗匠。子山仕狄，思歸鄉而靡途；孝穆事君，欲復國而貽統。南北異地，風壤殊方，信善詠鄉關之情，陵工鋪故國之論。唐氏以降，踵武六朝，四傑軒翥於前，溫李奮發於後。中經燕許之輩，宣公之籌，雖仍偶對成辭，而實散行吐氣。暨至宋世，西崑汎五代之餘波，歐蘇倡麗辭之變格。有清駢制，流派繁多，或學步六朝，或追蹤唐宋。濟濟多士，徽徽詞功，共日月以長存，流江河而不絕。

至於散行之作，肇自古昔之書，經傳子史之編，詞家才人之簡。時代久遠，作家眾多，風氣彌乎兩間，文華騁乎萬古。《尚書》嚴謹，《左氏》浮誇，《禮》總銘誄之端，《易》統論說之首。莊老之作，孟荀之流，匡揚之疏，班馬之史。文皆立意，氣屬宕疏，而詞藻流妍，散作師範。下逮魏晉，文筆相參，曹王綺錯成章，潘陸縱橫散采。至唐韓柳，復古為風，俊才雲蒸，傑作綺合。歐蘇接踵，發揚前徽，雖間有駢行之篇，然堪稱散作泰斗。下至清世，古文鼎興，方姚繼韓柳之風，國藩振乾嘉之緒。緜世散作，詞壇奇珍，歷千年而常新，垂萬代而不朽。文章盛事，駢散異風，士子騁才，各有偏勝。或重駢輕散，則氣雍而難疏；或貴散輕駢，則辭孤而易瘠。或好捃摭故實，因書取資；或喜布舒胸懷，隨意結藻。或師範三代，立意為宗；或步趨六朝，騁詞為主。駢散之體，異在篇章，非惟詞氣之殊，寧止宮商之別。尋韻詠吟之際，逐文句讀之間，駢散區分，判如涇渭。

《東吳中文學報》第十二期序

(95)

夫聖賢忘食廢寢，研學術之精微；浸郁沉醲，競文章之雅麗。「文」「術」一體，猶輻轂之相成；「才」「學」同功，似輔車之互濟。或敷妙旨於荊玉，符采呈妍；或鏤華辭於驪淵，龍頷耀寶。經傳諸子，稽古訓誓為宗；載籍政書，記言褒貶為主。而蓄素鋪采，彪外弸中，淵淵乎事義之潭，蔚蔚乎辭令之府。先哲樹範，後生循規，百代日新，千秋靡墜。凡論文品詩之著，陳政奏上之疏，載言評史之篇，捃理宏道之籍。皆致用為本，情志足而非虛；述事為倚，篇籍華而有實。義歸翰藻，郁郁士夫之情；體被質文，彬彬君子之致。儒林文苑，畛域殊而藻同；學者詞人，風標異而才一。銜華佩實，辭無「畫羽」之尤；抱質懷文，義合「足言」之雅。故能事美一世，文流千年，騁簡編之本能，宏文事之大用也。

暨乎清風不競，西潮東侵；涌濤之所激揚，鼓怒之所慼擊。藝文學術，分道揚鑣；論理表情，殊方異趣。「學」者騁馳於論，攢眾議而為言；「藝」者杼軸其懷，罄靈府以成作。古今異體，合流之吟不聞；述作分塗，共轂之用靡覩矣。

本系應時代之風會，順「術」「文」之潮流，發行中文學報，年出一期，創刊至今，歷載十二，頗受外界好評，極富學術價值。本期徵稿，投件甚多，經編委五人篩選，再送外審，外審二人推薦，再予刊登。從事嚴謹，歷程周密，既無倖而獲選之作，亦無優而不錄之篇。來稿十六，刊登者九，詩詞歌賦之作，戲曲小說之篇，文論文批之章，麗辭古體之辨。皆所以據題申說，依理暢言，攢集眾家之聞，成就一己之論。方之翰藻，固徵實而難工；比諸篇辭，則引據而逞博。信乃一時之上選，眾製之高流，學術典範之篇，才子精心之撰也。

蓋聞由樸而秀，物情遷移之規；從質到華，文德革易之律。本學報創刊以降，歷時多齡，肇始維艱，成長不易。所望學術雨露，潤茲兔園；文章晶華，光此鴻簡。庶幾日升月恆，爭乾坤之不息；天高地迥，並宇宙之無窮焉。

張故教授仁青先生行狀

(95)

夫君子藏器，必琢磨以發光；丈夫學文，宜雕潤而成采。爾其蓄志務發，騁辭鳥跡之中，含情思陳，寄意魚網之上。盛藻鴻采，飫自詩書之源；博學多聞，導夫文筆之則。昔賢殷殷致意，盡萃於斯，而先生矻矻窮年，不離乎此。

先生字同塵，號梅山逸士，民國二十八年五月六日誕於花縣，家世不腴，偃仰衡門，游觀鄉里。環周丘陵之地，資直維艱；負郭茅茨之居，棲身匪易。糟糠不厭，藜藿猶馨，餓體膚而無傷，磨志氣而愈盛。仰顏、閔之修道，窮且益堅；慕江、匡之讀書，遏而彌奮。毀齒以降，酣小學以啟蒙；束髮而來，嗜詞藝以陶性。庭中雒誦，比乎文通之勤；道上嘔歌，同乎翁子之樂。學基初奠，儕輩慕風；書味正濃，鄉親嘉善。豈寂寥之筆，生寶樹於階庭；潢汙之池，出明珠於鱗介者歟！此先生少年英銳、卓犖不群之時也。

無何而佳兵興浪，波揚海濱，鯨鯢猖披，沈我巨艦。國人感恨，四海同仇，咸蓄報韓之心，共興沼吳之志。先生年在未冠，報國情殷，欲揮祖逖之鞭，思擲班生之筆。乘風破浪，慕宗慤之壯懷；伏闕請纓，同終軍之豪氣。遂乃投入軍校，練術習拳。學孫吳之兵經，究鬼谷之韜略。逮卒所業，赤氛正殷，赴戎機以爭先，喋汗血而不顧。閩江口外，執干戈以殪兇；金門島中，鼓號角以嚇敵。此先生青年英雄、神勇無匹之時也。

逮乎風波既靜，解甲歸鄉，而學殖久疏，罅漏待補。恍惚無主之際，魂夢頻驚；窈冥有精之時，世情屢逼。以為蹉跎歲月，喪性命而忝所生，浮沈世間，斲志氣而毀前景。於是用功弗怠，樂學無荒，錐骨和熊，曾不足喻。終於登榜師大，篤志國文，學駢鱣堂，受經絳帳。見賞成老，絳得靈光；遇知林公，自露頭角。或陶鈞於文勇，或磨礪於才鋒，詞藝日精，學業猛進。歷碩士而博士，用心益專；從青年而壯年，癢伎益烈。博極群籍，文藻軼倫，妙解詩詞，尤工儷體。此先生青壯英邁、逸步超眾之時也。

其後執教膠序，優游文林，課正業於詩書，賈餘閑於述作。生徒請益，恆聽語以傳衣；友輩問難，輒開誠以解蔽。胸中萬卷，鑄偉詞而非因；筆下千言，擷精義而有據。字斟句酌，踵前修之鴻規；歷賞諷高，成學者之雅範。殆以才優志銳，挹古典之精華；學富情繁，振先士之盛藻者也。故得子衿頌讚，師嚴溢乎高庠；朋友稱揚，隆譽盈於學界。此先生壯老英聲、妙譽遠馳之時也。

先生經歷廣博，著作浩繁，教授群中，功不多讓。抗顏師表，則庸滿黌宮；揮翰藻思，則卷盈綺帙。論經歷則先後專任教授於中央警大、中山大學、中國文化大學，客座教授於香港珠海大學、香港新亞書院，並曾兼任教授於台灣師大、台灣大學、成功大學、中央大學、銘傳大學等名校。數年前於中山大學榮退後轉任中國文化大學教授並兼中華詩學總編輯。論著作則《歷代駢文選注》、《中國駢文發展史》、《楚望樓駢體文詳注》、《三唐詩絜》、《唐宋詩髓》、《六十年來之駢文》、《魏晉南北朝文學思想史》、《中國文學思想史》(譯著)、《文心雕龍通詮》、《中國唯美文學之對偶藝術》、《應用文》、《歷代女子名作選讀》、《揚芬樓文集》等，計二十六編。編編精采，擲地有聲，紹先士之輝光，啟後生之志慮。尤以《駢文選註》，釋義昭晰以該情，《應用文編》，述流周詳而切實。學府攸重，士子所依，獻睿智於域中，創佳績於版界，更功不可沒矣。

先生治學嚴謹，待人謙和，秉心直而塞淵，賦性遜而寡欲。終身不娶，多暇著書；長年無休，積勞成疾。不幸於九十六年三月九日因疾溘逝，享壽六十九歲。一代學者，飫滿腹之經綸；千秋詞家，披彌編之綺縠。鄰笛寥亮，難抑昔遊之思；殯宮悽酸，更增永訣之慟。而先生遺音宛在，彷彿有聞；典型常存，依稀或見焉。謹狀。

《有鳳初鳴》第三期序

(96)

「述」以弘學，淺深取決於中；「作」以鍊才，高下張揚於外。「述作」互補，典謨皆可稱章；「才學」相資，文筆率能載道。姬公制作禮樂，斧藻群言；孔父鎔鈞六經，摛振金玉。馬作史記，陳章義之謹嚴；酈箋水經，敷藻辭之彬蔚。是知聖賢原道之著，文質無偏；君子詮言之書，華實並濟。況文士抒情立意，騁辭為歸；闊論高談，能離翰藻哉？

古來「述作」無畛，才學俱全，被文質之彬彬，暢情采之郁郁。故辯雕萬物，質緯文而華妍；理蓋群編，辭明道而遒麗。聖賢妙訂之制，代代傳薪；士子精研之方，人人守義。而晚近以降，道呈兩歧，學者所宗，難為一致。因謂「述」在研術，以繁積成說為能；「作」唯吐辭，以獨抒性靈為務。分道揚鑣之實，猶若創新；顧此失彼之偏，似成喪耦。是猶輔車共體，攜貳豈能單行；弓矢合機，執一不可獨射。所望「述」「作」同貴，「才」「學」競標；「輔」「車」相依，「弓」「矢」並用。則創作多而有本，辭不空虛；綜學博而能弘，才稱文雅。在昔明經擢秀，方能光朝振邦；佩實銜華，始可述訓垂典者此也。

夫學有先後之序，失序難成；術有崇卑之階，躐階易躓。諸生當正業已知之後，無忘鍊辭；在厥修既敏之餘，必勤研術。鍊辭則文筆健，辭必盡言；研術則質義深，術足匡世。茲將其研究所得，投稿本刊，既可為「學力」之徵，復能作「科考」之用。故聯合國父紀念館、台灣大學、台灣師範大學、中山大學、東海大學、逢甲大學、元智大學等校中文系舉辦全國研究生論文發表會，以「有鳳初鳴」—漢學多元化領域之探索為題，廣為徵搞，共得論文九十篇，經審查後，計三十三篇獲選，蒞會發表。議程二日，場次十餘，名師遙臨，多士廣集。臺上援古據典，妙語珠連；座中逐奇問難，巧思雲委。儒林疑殆之義，八方會通；學苑俊英之才，四隩來暨。高庠盛事，百家爭鳴；學子榮光，多校競角也。

先哲融「述」「作」以入簡，「文」「質」相宜；依「情」「采」而成編，「才」「學」互濟。故妙辭雅義，不絕篇章；麗製精言，無離翰墨。後世仰德不暇，常錐骨以和熊；聆音難追，恆焚膏而繼晷。夫驥躍一步，終則鵬程；鳳鳴九皋，始乎雛雊。望諸生真積力久，以藴驥躍之能；多磨功深，用效鳳鳴之德。則「述」「作」並騁，方稱可畏之後生；「才」「學」相融，乃比初鳴之飛鳳也。

東吳大學松怡廳落成誌略

(97)

大學之教，在德智兼施；俊英之才，宜身心俱美。本校積極規劃，創為藝術中心；銳意經營，開啟音樂園地。以表演為主，唱作兼行；藝術為歸，才智並啟。彈琴奏曲，滿足聽聞之歡；美目怡心，宏彰教育之效。創意空前，內部設施，耗資尤大。幸賴唐董事兼校友會總長暨其夫人吳怡靜女士慷慨捐款，始成富麗之宮；鞠躬盡心，乃愜師生之願。唐氏為本校會計系四十四級校友，才能出眾，創實業以興家；器識超凡，展工商而裕國。又復感恩念舊，繫心東吳；好義急公，關懷世道。從母校董事而友會總長，多建樹以增華；自社會救賑與公益基金，廣布施而濟困。為感謝賢伉儷之鉅額捐助，特將本藝術中心名之曰：「松怡廳」，蓋松德永壽，隨乾坤以共存；怡情長歡，同宇宙之無盡焉。民國九十七年元月。

中央警察大學水警大樓聯語並序

(97)

夫世風樸厚，社會興隆所因；警政休明，國家發展攸繫。故治安之任，猶樓觀之礎基；警察之功，似黼黻之絲縷。黼黻雖美，唯依絲縷而成；樓觀雖高，必待礎基而立。則治安之與群眾，不可須臾相離；警察之與國家，難乎浹辰相失也。然理想致美，基於實踐之功；璿玉信珍，本乎琢磨之效。警民合作，方為實踐之方；公權伸張，始見琢磨之果。斯固蒸人所望，咸舉踵而仰瞻；國命所依，每翹首而盼望者也。

唯警察之務，實總雜而紛紜；保母之功，既煩促而瑣碎。或傳達政令，為官民之橋梁；或維護治安，施亂賊之鐐銬。有鏟除犯罪，宵小難以遁形；有規劃交通，往來易於依序。而科學辦案，則「鑑識」以察細微；民主制規，則「法律」以量刑賞。勤務體大，無法悉詳。知警察善盡之勞，乃國家雍熙之望也。

近以世情多詭，警務日繁。為航海之安全，期貿商之便利，政府精心籌劃，另設部門。水警應運而生，海署乘時而立。自是「警」「海」異署，水、陸殊勤。雖曰任務分工，其實功庸合德。本校創系爾後，廣為陶鑄人才。警巡遍布於水濱，勤務遠通於海角。防衛設置，措國家於久安；貨商往還，滋經濟之長發。警察巡邏於海上，竭力盡心；黎民偃仰於島中，安居樂業。國家固鼎，全依海巡之功；眾庶馮生，唯恃水警之力。龍躍在淵，雲行雨施之象；治安歸警，國定民靜之基。象生物阜，四時稱美之歡；基穩政康，百姓稟和之樂。夫水德澤廣，利萬物而不爭；警英功高，保群黎而無伐。水警所就，卓爾不群。生民恃以無憂，家國賴以永固。「水德滋龍躍，警英護國安」，理所固然，豈止聯語而已哉？

陸機爲麗壇之元祖

(97)

陸機伏膺儒術，既徵聖而宗經，沈潛藝文，率銜華而佩實。故辭富山海，如綺縠之敷陳；理惬聖賢，似金玉之摛振。通經達政，蘊廊廟之高才；馳論騁言，成藝林之俊物。陳詞慷慨，直可倒海移山；鋪采浩繁，庶能縟川藻野。二俊歸洛，張華美為帝功；侍中戲言，陸機撰成名對。史乘所載，不可誣也。

故言乎儒效，固非萬鈞之鐘；言乎文才，實是百代之矩。鍊辭之士，莫不奉為宗師；研術之人，率皆尊作共主。麗壇木鐸，響窮千里之濱；藝林席珍，貴逾萬金之價。或捃其文論，摹伐柯取則之方；或掩其麗詞，效操刀割腴之術。摹而為式，自得綺錯之方；效以命篇，必歸縟繁之域。

蓋夫規矩羅列，才子循蹈之方；綺縠披陳，縫工裁製之錦。循經蹈節，自成典麗之篇；裁錦製衣，必出華珍之品。篇辭典麗，譬文苑之珪璋；作品華珍，猶衣服之黼黻，善哉！後進辭士，奉陸機為聖神，陸機才情，成來學之典範。典範永駐，衣被不窮；才情長馳，雨露靡止焉！是知一代之俊，開六朝之風華；太康之英，導江左之體製。詞場先覺，定宏規以長存；麗壇祖師，坐大位而永固，士子宗仰，豈徒六朝哉？一曰諧聲調律之先覺，二曰駢四麗六之前驅，三曰扇援古用典之風，四曰導排偶議事之路，五曰俳賦論文之始祖，六曰連珠喻理之宗師。

駢體麗則，陸機發論於前；美文典型，六朝成就於後。乃知詞林木鐸，直振後昆之心；藝苑指針，恆向江左之士。則若人功在麗壇，孰能望其項背乎？

臺北大學文學院「梁苑亭」聯語記

(97)

聯語之興，時維五代之末；句型所自，源出四六之餘。蓋文章代變，本乎世情；辭運交移，依乎時序。魏晉以降，文詠屢遷；陸機而來，四六初起。經庾徐之力倡，始成定型；歷四傑之丕承，方造極致。規矩在昔，百家仰瞻；型式當前，眾士摹範。文壇麗則，雖萬變而日新；駢體奇珍，縱百觀而不厭。故辭章極盛之後，遂生別裁；傳統式微以來，必有餘裔。中唐陸贄，乃麗辭之別裁；五季對聯，實四六之餘裔。

夫五代末俗，好題桃符，藉以壓邪降魔，納祥招福。發春獻歲，張貼門庭，既美觀瞻於目前，復娛心意於胸際。孟昶「新年納餘慶，嘉節號長春」，遂成此道之雛型，而為後昆所摹效。辭林佳話，播風氣於無窮；文士瑰琦，享藝名之不盡。明清以降，斯藝大行，樓閣亭臺之區，吉凶慶弔之事，莫不崇尚其道，弘揚厥方，術則彌鑽彌精，體則愈演愈密。意承「別裁」之後，藻實四六之餘，但歸麗辭之旁支，未入文學之主盟。雖賞好者眾，經營者多，而競趨翫藝之途，馳騁雕蟲之道。唯四六之作，隔句為聯，切響浮聲，諧音比調，故能炳煥眼目，鏗鏘聽聞，為文壇之席珍，成學術之極品。藝林正業，須假寵以增輝；辭士高才，必乞靈而霸采。

臺北大學規模龐大，師徒眾多，水秀山明，地靈人傑，文院院長王國良教授為美化院館，以利教學之功；加強藝文，用增「美身」之效。亭名「梁苑」，義有由來，本漢藩治宮之心，仿魏帝招士之意。復懸對聯以勵諸生，藻四野以增雅賞。聯句之撰，唯用四六之言；音聲之工，實依「馬蹄」之調。徐庾創體，最發典型；後昆追風，偏成規範。

徐陵　玉臺新詠序

楚王宮內，無不推其細腰；

魏國佳人，俱言訝其纖手。

「九日登高，時有緣情之作；」

「萬年公主，非無誄德之辭。」

庾信　哀江南賦序

「荊璧睨柱，受連城而見欺；」

「載書橫街，捧珠盤而不定。」

「山嶽崩頹，既履危亡之運；」

「春秋迭代，必有去故之悲。」

王勃　滕王閣序

關山難越，誰悲失路之人；
萍水相逢，盡是他鄉之客。

無路請纓，等終軍之弱冠；
有懷投筆，慕宗慤之長風。

駱賓王　為徐敬業討武曌檄

入門見嫉，蛾眉不肯讓人；
掩袖工讒，狐媚偏能惑主。

燕啄皇孫，知漢祚之將盡；

龍漦帝后|，識夏庭之遽衰一。

「梁苑」之對，仿諸古人，或無踵事增華，實已循規蹈範。偶聯之藻，四六之型，頗追庾徐之風，直效四傑之調。雖「燕」子學步，未得國能；東施效顰，難生盼倩。而志篤意銳，永無稍懈之心；力竭精疲，足表勉行之態云。

其一

梁閣高張一　宜俊彥之翹首；|

苑門大啟|　訝梗柟之展材一。

其二

鳶飛魚躍|　朝欽道泰之徵；一

山紫水清一　瑞集祥臻之運|。

其三

諸子今來──庶斯文之不墜；
鄭生昔去──知聖道之必東。

其四

鳳鳴九霄──起雲天之大志；
鵬運萬里──卜錦繡之前程。

其五

梁館高臨──廣招天下之俊；
苑亭雅會──閒話古今之奇。

夫昔今雖異，猶有梁園之風；體製雖殊，尚存「馬」帳之意。「梁苑」論道，益師生之身心；「亭聯」增華，宏館閣之體勢。學子心娛目翫，意或沉思；志耽神迷，情多眷戀。而能遊憩隨興，樂盡而歸；賞吟愜歡，日斜而罷。行非褉事，無曲水以猶歡；地異蘭亭，少右軍而仍樂。棲遲雅苑，遙希古士之風；陶醉聯詞，不讓前賢之範云爾。

讀陳冠甫教授詩有感

(97)

蓋聞蘭成鋪賦，允得賦史之稱；子美吟詩，亟贏詩史之號。以賦論世，寄愴快於鋪摛；用詩憂時，託感慨於吟詠。登高而賦，既具體物之篇；合事而詩，不離緣情之作。故能感靈盪性，逞韻響之極歡；合時益事，盡文章之大用。吾友陳冠甫教授致力於此，用志甚堅，仰效先士之心，欲開後生之慮。

先生才高學博，意敏思深，妙解文章，尤工詩藝。揮毫動墨，應時成篇；司契含章，倚馬作對。才思之敏，固能蹤古而傲今；藻繪之工，直可光前而榮後。觀其應物斯感，情周列壑群山；寓目輒書，詩詠千章萬首。清文滿篋，豈唯寫物之篇；麗製盈箱，不離憂時之什。固知對工部之遺則，仰而彌堅；瞻樂天之流風，效而不輟者也。

先生用功弗怠，兀兀窮年，作品浩繁，學界肯定。古體近體，無不專擅兼工；五言七言，率皆當行獨到。抗懷千載，志雖大而非虛；示範後昆，語既豪而信實。臺灣才子，固非誣稱；杏壇名師，豈是妄譽。彥和云：「才為盟主，學為輔佐；主佐合德，文采必霸。」其先生之謂與！

成楚望先生之才學

(98)

夫君子立志，思建金石之功；丈夫學文，欲留書辭之績。功本「學」識，大則福國澤民；績由「才」情，高則雕章貽世。而古來士子，難以兩全，或劬勞於才情，或偃蹇於學識。惟我成公楚望才學兼擅，眾稱文苑之英；功績獨擁，國舉廟堂之幹者也。當「清」鼎易革，「民」心轉移，盪除舊染之汙，開啟新興之局。政體改變，制憲依民主之規；世情貿遷，馮生走自由之路。疏古競今之論，鼓舌搖唇；趨時尚俗之風，清心醒目。學者錙銖國故，藐雅製之文言；鐘鼎俚辭，崇通流之語體。甚而廢律廢駢之說，常出口中；輕周輕孔之言，甚囂塵上。曦黃方冊，雖無秦帝而灰；駢體麗辭，縱有阮、王而絕矣。幸成公在眾醉之日，獨存清醒之心；星稀之空，自比普昭之月。而指揮藝苑，筆搖琬琰之章；匡正儒林，口發金玉之論。辭壇砥柱，堅守四六之金鍼；翰苑棟梁，允稱麗體之杞梓焉。

公生逢末運，誕受天衷，承荊華之地靈，潤漢湘之水德。聰明異稟，睿知超倫，志性甚乎松筠，器局侔乎渤澥。昔在幼少，錐骨和熊，全力遊於詩書，一心翫乎辭藝。學深似海，吞滄波於胸中；才峻如山，灑雨露於翰苑。頭角早露，聲聞夙標，而心繫天下蒼生，志存國家社稷。洪水搆難，則賦〈愁霖〉之哀；日軍降華，乃歌〈還都〉之頌。憂民豪志，溢諸字行之間；愛國赤忱，滂乎言語之際。觀其恫瘝在抱，憂樂因時，固仁人恤憐之懷，志士慷慨之義。藝林推重，以為可畏之後賢；時論讚揚，視作無祧之才俊。文筆大業，豈止辭賦之勳；士儒多聞，必關政經之議。逮其在少之日，襟期已高；方剛之年，氣度更大。而國家無祿，禍災薦臻，當世局之擾攘，隨中樞而渡海。斯文未墜，欣聞麗辭之能傳；儒道已東，幸得薪火之有繼。先生以「不惑」之歲，積中已深；「難蹤」之才，彪外無極。文章經國，抱利器以從公；儒士盡忠，陳明謨以輔政。又復大肆教澤，育奇才於膠庠；廣敷師庸，效偉績於社稷。曾講學於中大、師大、政大、文大等名校。傳經設幔，作尊道之嚴師；嘉善旌能，知至學以博喻。勤教無隱，而力舉可造之才；善導弗牽，而心期能駢之士。大雅高義，惟望德星以聚賢；鴻儒至情，在播書種以貽世。此先生一時也。

嗣出膺試委，職司甄才，竭智殫精，亹亹不倦。酌今鎔古，製矩訂規，研考政於健全，申龍門之莊敬。公忠體國，經四屆連任之榮；好善憐才，傾全心舉賢之驗。如愛趙袞之日，悅以溫顏；若甘傅說之霖，沾其大苑。所望珊瑚入網，不假魏王之該；豫檜呈材，胡庸匠石之顧。摩挲駿骨之意，發自深衷；拂拭蛇珠之情，出乎赤膽。每當榜花待放，院棘初張，既耽乎說士之甘，復懼乎遺珠之憾。故焚香默禱，冀無負於穹蒼；閉目沉思，希不虧於職守。昔宣公知舉，選英傑而平政綱；六一試生，避此人以出頭地。翰林佳話，歷賞傳高，以「後」方「前」，豈遑多讓。此又先生一時也。

夫處心嚴謹，本仁人之素懷；行事敬恭，乃志士之彝則。若先生之襟期恢廓，比天覆而海涵；才識峻崇，方斗高而辰遠。嚴謹有度，何事於仁人之風；教恭無隨，必符乎志士之憲。至於學術偉績，麗辭專長，既成獨擅之功，亦造難臻之域。尤以新潮飄盪，文苑輟流，舉世重歐美之言，華人輕夏中之學。惟公力主雅正之義，營麗作駢；獨尋典工之源，宗經徵聖。佩蘭綰蕙，猶三閭之芬芳；愍世哀時，比〈九思〉之悽愴。憚中學之委靡，洪鐘醒人；畏士心之沉淪，暮鼓警世。而辭皆輝煥，音必鏗鏘，渟蓄百家之長，頡頏千載之作。詩騷一絕，敢追李、杜之蹤；

駢麗無倫，直逼庾、徐之軌。至若繪事後素，孔子之所嘗言；文情先才，彥和之所已論。惟公金聲玉潤，乃本蓄「素」之基；繡列錦橫，聊呈馳「才」之術。弸中而形乎外，述作盈箱；抱質而見於文，潤雕累簡。於是有《汲古新議》、《考銓文彙》、《楚望樓詩》、《藏山閣詩》、《藏山閣駢體文》、《楚望樓駢體文》諸作。辭含忠愛，稟杜陵之胸懷；文辨夏夷，蘊崑山之義氣。而永明音韻，方實踐於篇章；徐庾才情，正飛騰於簡楮。所謂學人本事，尤妙善於文章；辭士才思，更精通於政務者也。

昔人以先器識後文藝，方稱士人。說《禮》《樂》敦《詩》《書》，始舉元帥。若先生既才既藝，亦博亦文，鑄典型於世間，垂文則於雎苑。聖賢道德之訓，融而彌精；士子文章之長，積而不讓。故得縟旨高義，蘊藏篇中；周情孔思，洋溢簡上。乃鴻裁雅士，博物通儒，既多掄才之功，復廣淑世之效。又豈徒顏工鮑俊、徐勁庾清，用翰墨騁績勳、以辭賦為君子者哉？

徐陵麗辭「藝」「用」並重

(98)

夫文之為德，經緯多端，或為快意抒情，或為談方論事。周秦兩漢，多原道以敷章；魏晉六朝，每含情而司契。原道成翰，殆以實用為歸；含情織詞，將以文藝為主。則文德之用，不出二途，擅勝專精，分庭抗禮。南朝以降，文藝勃興，抱質之篇日疏；黼華之作寖盛。馴致辭耀錦繡，聲和球鍠，營儷比於聯華，雕藻工於刻匠。文章製作，如藝品之鋪陳；詞采布舒，似綺縠之錯比。煇煥之藻，猶熠燿之宵征；鏗鏘之音，譬宮商之迭代。動無虛散，假營造以稱工；言必儷雙，因排比而為偶。傑然獨擅，卓爾不群，呈藝文之奇觀，實江左之特色。

唯徐陵出乎其類，情理兼工，「藝」精當時而有餘，「用」比往代而不讓。華實相副，致文用於綺辭；藻質相依，展藝能於臣術。翰苑彩鳳，既耀藻而翔天；文中雕龍，乃騰聲而飛實也。若夫形色閃爍，兼顧質義之工；舌唇頡頏，不離音辭之巧。言乎文德，固屬六代之英；究其才情，堪稱百夫之特者也。其書辭體製，總歸二塗，或以文藝為依，或以實用為主，文藝實用，迥焉殊方，吐音務在鏗鏘，雕藻期乎鞶繡。可謂銜華佩實，雖異用而同工；立意翫辭，縱殊方而盡美。故能超群邁眾，總諸賢而獨高；裕後光前，跨數代而孤出。觀覽其篇，炫聲貌之迷人；諷誦其文，呈藝能以飫眾。文藝之體，矜士子之風流；實用之篇，盡辭章之本務。文藝之性，約可四端：一曰選聲雕韻，音協馬蹄。二曰鋪采摛文，體成四六。三曰事義融通，使氣靈動。四曰詩賦會合，體趣高妙。實用之篇，要歸二義：一曰羈北書牘，行李孤憤之詞。二曰歸南篇章，藎臣顯謨之作。乃知徐陵蘊含質義，吐納英華，本藝林之高才，宏文德之大用。

古來述作，情理多偏，或文秀而質羸，或氣華而詞瘠。氣華理勝，多闡幽造極之言；文秀情緊，每爭縟寡實之藻。徐陵遊藝彪外，善為綺豔之詞；務實弸中，自有盤礴之氣。固知其駢麗鴻裁，體可三分，辭氣文風，迥然相異。始事帝子，多宮體遊戲之章；中使魏齊，以羈旅書翰為主。終歸故國，悃款朴忠，本啟沃之真誠，騁詔奏之健筆。而以錦繡之采，辯申事義之精；鏗鏘之聲，推制宮商之諧。藝用共體，雖非六代之特徵；文質相資，實屬若人所專擅。青睛慧相，絕非凡塵之標；石麟奇珍，固是卓犖之傑也。

麗體文之前茅與後勁

(99)

魏晉以降，時運交移，士迎綺美之風，篇染縟繁之習。綺美為尚，常雕華以自妍；縟繁是依，每錯采而相競。風習遞變，質文更新，古散之製日疏，麗駢之章寖盛。事類故實，渟蓄乎中；藻詞音聲，鋪吟乎外。揮毫動墨，恆披綺縠之章；寫志抒情，輒諧宮商之調。七子虎步於曹魏，騰聲一時；八俊鴻騫於太康，鑄範百代。古體告退，新型方滋，矯健之氣稍存，綺浮之風已扇。尤以士衡之志邁千古，氣陵百家，妙句新聲，傲視永代。辭繼陳思之後，踵事增華；論追魏帝之蹤，創規立體。增華飫眾，開文章之淵泉；立體垂模，導士子之衢路。貴綺尚巧，直啟工妍之思；畫規製矩，宏開藝術之路。益以時會所嚮，一統之局稍安；世情攸關，太平之歌復唱。世崇綺艷，俗尚華妍，文衢閃爍其光，藝苑輕盈其翰。六朝睿製，清源自此而開；江左鴻篇，芳躅由茲而始矣。蓋士衡乃文苑俊物，麗壇先鋒，仰聖道以立言，窮經書而定則。故成篇倚馬，張華長歎其才；搦筆散珠，君苗自燒其硯，諷吟日甚，畜積寖深，遂終兩京之體型，啟六代之聲色。雨露滋潤，文藝以時勃興；風流揄揚，詞家因勢輩出，遒勁閎侈之作，蕩然無存；茂弘雄偉之篇，隱焉不見。麗制元祖，後生奉為聖神；藝林導師，來學擬其正則。南國體製，成矩矱於一尊；詞中典型，飛聲華於萬世。師範永駐，廣衣被以無窮；才情長馳，施雨露而不輟者何哉？正以其為聲律先覺，啟永明之聽聞；四六前驅，開顏鮑之眼目。導用古之通衢，群士追風；騁排偶之坦塗，眾流仰鏡者也。是以文筆始判，麗駢尋興，沿波討源，數典思祖，向微若人，其誰與歸？

夫駢麗具體，美文初成，歷謝顏而庾徐，經唐宋而清季。千年文運，變化多端，棟材雲蒸，睿製霞蔚。琳瑯滿目，煇煥之簡連緜；宮商繞梁，鏗鏘之音迭代。間出英傑，時傳隋珠，無麗不臻，有體皆備。顧人膺面貌，不可強同；世稟精神，難能苟異。士衡前茅之慮，就陣衝鋒；諸代中權之軍，開疆拓土。其間多歷載祀，積簡連雲，因世風之遷移，致辭氣之詭異。粵以江左崇老，獨扇玄風，遒麗之辭無聞，工妍之術罕見。爰逮宋氏，山水方滋，顏謝飛實以騰聲，群英競新以圖貌。齊君定鼎，音學獨昌，創浮聲切響之方，訂換羽移宮之術。潤露音律，衣被麗壇，熾如日中之烈陽，發若雨後之春筍。梁武承運，博學廣聞，會群英於兔園，振有子於庭掖。宮體之律，庾信遠傳於北疆；藝用之才，徐陵大騁於南國。音藻之美，既披聱而駭聾；潤雕之工，已登峰而造極。梁鼎既革，陳氏踵興，君主聲色之荒，狎臣爵觴之樂。雖耽沉文藝，嗜愛麗辭，終如尾閭之波，直似牛山之木。及李氏基命，易代改朝，尊崇乎禮樂詩書，貴重乎詞章藝術。四傑嗣梁陳之響，吐音清剛；燕許追漢魏之風，樹骨雅勁。陸贄文用，酌筆功於五經；義山藻思，擅今體之四六。宋受天命，皇路清夷，抱輕武崇文之觀，多仰風慕雅之想。都北政阜，一統太平，或承晚唐之緒餘，或啟臺閣之風範。京南世亂，偏安一隅，初吐哀悽之音，終振慷慨之氣。元明二代，駢辭寢聲，扢雅挹風，且待來哲。有清入主，辭藝日興，丕扇營麗之風，大談宗駢之論。或擬六朝之範，甚似神情；或學唐宋之規，逼真面貌。若夫地靈人傑，特色獨標，構思織珠，灑筆橫錦。由經入麗，孫、洪為常州之英；輕筆崇文，阮、劉號徵儀之首。

夫有清之世，學術勃興，麗體之文，一枝獨秀。或摹範於六朝，體貌彷彿；或頡頏於唐宋，神情參差。而末代積弊，國勢頹唐，鯨鯢鼓浪於海濱，西學交侵於國故。昌明科技，既洗吾人之聞；通用語言，更驚中夏之士。而國學已束高閣，不復貴珍；麗辭幾投重淵，任由飄盪。

及民國肇造，萬象更新，西浪之侵益殷，歐風之化更烈。駢壇落寞，直如莖曲之終；麗製寂寥，猶似廣陵之絕。百年以降，緜緜半絲，立幟樹旗，固有人在。繼駢道幾墜之運，扇麗辭將灰之光，而超軼群倫，飛軒絕跡者，其必吾師　成公楚望乎！蓋夫藝文之性，有時代之精神；麗體之詞，具作家之面貌。唯成公才高文秀，學博識多，融他人之所長，鑄一己之特色。優游文苑，眾士仰其高風；籠罩駢壇，群才摹其麗則。一代之傑，將作百世之師；獨家所精，允成四方之訓。左傳論軍意謂：「左右追蓐，前茅執旌，中權制謀，後勁為殿。」儷體成長，取義於茲，千年以來，如有可譬。蓋先秦兩漢，猶若追蓐之軍；西晉士衡，似如執旌之騎。唐宋有清，士皆制謀以呈貌；民國楚望，人獨殿後而見珍。粵自士衡暨乎楚望，駢道多歧，從昌盛趨於衰微，麗壇百變。創業功大，宜推士衡為前茅；守成才高，故奉楚望為後勁也。

徐庾麗辭同體異風說

(99)

齊梁音學騰湧，藝文大昌；律呂協和，騷壇巨變。雅道淪墜，詞貴巧妍；典則乖違，音求諧協。益以沈約浮切之論，嚴分清濁；永明宮商之求，力辨輕重。浮聲切響，務為迭代之音；妃白比青，爭耀相宣之色。主韻工詞巧，為篇籍之要歸；悅耳怡情，實翰墨之本義。衣被文壇之廣，古來未聞；沾溉世情之深，往代難見。故駢體勃發之運，極遠啟疆；藝能成就之途，窮高樹表。而鑽響研律，實踐先覺之規；潤色調聲，創為馬蹄之韻。使宮體之作，霞蔚雲蒸；華靡之風，群搴眾範。集南朝之大美，麗辭典型；導三唐之先鞭，四六宗匠者，其徐庾乎？

徐庾皆為名門之後，善繼庭徽；東宮之臣，深體聖意。好為新調，頗稟乃父之風；厭黷舊規，偏投王家之好。靈椿挺幹，仙桂摛芳；王子橫經，學士授藝。值南朝之末季，世衰道微；當文變之多端，詞綺音諧。遐棄舊體，直追奇詭之華；巧構新篇，極辨浮切之旨。摛文鋪藻，彩霞漫天；尋律調聲，妙韻盈室。畫羽繡鞶之事，偶見篇章；選音鍊韻之方，常染翰墨。四六唯美之作，此登巔峰；麗辭遊藝之文，斯稱絕詣。所以南朝綺豔之體，曠世罕聞；徐庾高超之才，奕葉靡見者焉。雖體淫詞輕，見薄周書；文誕人夸，致譏中說。而新型巧製，競日月以長存；綺翰睿篇，共江河而不廢。乃麗壇盛事，巋然前無靈光；藝苑奇葩，炳焉後有典範者也。

然以世亂日亟，命途多乖，或使魏齊而歸陳宮，或踐秦掖而宦周室。陳宮南國，常著事主之勳；周室北荒，屢抒憂鄉之歎。事主敷奏，條義理以陳謨；憂鄉感懷，作辭賦以發志。是以初創規矩於東宮，儼然一轍；後領風騷於南北，迥焉分疆。千古並傑，號為共體殊風；文壇佳評，稱作同工異曲。

爲編輯成楚望先生全集致中華書局書

(99)

古文趨儷，陸機允作前茅；駢體寢聲，楚望鬱成後勁。前茅創業，貢獻著於春秋；後勁守功，聲聞留乎金石。善哉天佑華夏，誕我成公，稟慈惠而膺仁忠，受淑靈而啟睿哲。博通翰藻，妙善詩詞，駢道藝能，尤稱精絕。

民國以降，俊士雲蒸，著迷科學之真，摒棄藝文之美。國故沉翳，人心輕浮，貽生民之殷憂，成國命之大蠹。尤以駢體一藝，更嬰鄙夷，或因翳實可非，或謂浮華宜棄。唯　成公恃中流之砥柱，屹立不搖；擷大義於詩書，沈酣無倦。發憤述作，吐錦繡於胸膺；沉吟鋪摛，織珠璣於卷帙。鏗鏘並奏，雅音盡聽聞之歡；輝煥相華，艷彩極翫賞之樂。氣往競古，集眾調於一身；辭來切今，傳高華於永葉。名著充簡，經國訂規之章；睿篇積箱，摛文研術之作。然本性謙遜，天情開朗，稿久存於青箱，篇多積於赤軸。琳琅世寶，且似藏諸名山；瑋曄國華，幾如棄乎石渚。幸貴局之思深慮遠，付梓廣傳，俾駢道之長馳，保國魂於不墜。護寶丕澤，眾人共誇；傳文大功，舉世咸敬。

本年某月某日，適值成公百歲冥誕，弟子齊聚研商，為傾追思永慕之誠，咸表編輯全集之意。懇請貴局將《楚樓駢體文內外編》割愛列歸本編輯之一部，俾能劍環皆全，成公無憾於泉壤，貢局有聞於版界，敦崇篇籍，敬愛學人，滋偶詞之再揚，信駢制之長發。善盡文化之責，傳薪靡停；廣開世人之心，詠麗無止焉。

祭王公更生教授文

(99)

維中華民國九十九年八月十二日友朋門生等以時羞之奠祭於王故教授之靈前曰：

嗚呼！在東星殞，輒減夜空之明；成陣卒傷，頓衰眾旅之氣。況文曲潛曜，預知科場之殃；大師登仙，先見校園之損者乎？

先生秉河淮之玉石，聰慧超群；得儒道之風流，襟懷軼眾。縱橫六藝，立槃深之根基；馳騁百家，積厚實之哲理。故能才兼文雅，識達古今，思如峽水之傾，論比海浪之湧。師大俊英，獲部頒之博士；德明校長，贏群頌之師庸。從此傳道授業，優遊乎上庠之宮；從容盡聲，陶醉於文藝之苑。指畫之中，明示攻木之序；從遊之士，率通馭文之方。昔馮老送鄭，期聖道之必東；今王公授徒，勛斯文之不墜。古今世詭，師範異曲而同工；文質情懸，教庸殊方而一致。追思曩昔，感極而悲，猶寒冰之悽涼，若秋氣之蕭瑟，嗚呼痛哉！

憶其執卷反覆，論思再三，若買臣之嘔吟，如翁子之雒誦。累簡壓架，堪稱「滿屋」之書；積篇連雲，足謂「等身」之作。猶復述造無倦，披吟不停，訪玉山之圖書，採金匱之方冊。研術發經通之論，辯以正言；授徒詠婉盡之聲，曉以博喻。日夜發憤，敝精耗神，欲探聖賢之驪淵，窮才士之鴻筒。既辨八家之文筆，提要鉤玄；已飫六代之錦珠，剖情析采。而體貌劉勰，沉酣文心，更得龍學之精微，別版書之美惡。校正古今注疏，素有傑作；穩當臺海盟主，早播英風。不期老驥伏櫪，志千里而傷蹄；鳴鸞展翎，翔九天而折翼，嗚呼哀哉！仲尼既歿，微言寢聲；屈氏已亡，楚調絕響，豈不痛哉！

嗚呼！先生與人忠而有禮，不別尊卑；執事敬而能恭，無分大小。謙謙君子之範，言語藹如；肅肅學人之風，論談穆若。學界稱為「才士」，聲聞屢傳；里中喚作「善人」，口語交薦。而痼疾難攻，名醫束手；至情易慟，近識含悲。嗚呼！故友駕鶴，白雲空飄；王公歸天，絳帳徒飾。連輿接席，已成「莊夢」之虛；執簡問師，更甚「蜃樓」之幻。或感傷起歎，豈待日薄虞淵；淒惻興悲，何須路聞鄰笛。或羹牆長想，永奉光靈之前；夢寐正酣，暫回夙昔之境。嗟呼！哀樂悲切，時激「宛在」之思；殯宮慘悽，更增永離之慟。嗚呼哀哉！尚饗。

「蛻變與開新」國際學術研討會誌感

(100)

大學之教，在博觀而善摩；良師之庸，唯日積而月累。昔馬融注經，「精」「博」齊務；韓愈設館，「勤」「思」並行。夫「精博」繼之以研鍊，始通聖心；「勤思」加之以藏修，乃就德業。馬、韓在昔，世異時移，而典範可窺，精神足效。故授課之術，宜窮研鍊之方；觀書之門，唯有藏修之法。劉勰云：「學業在勤，功庸弗怠，故有錐股自厲，和熊以苦之人」。和熊錐股，自是進學之方；而研議論思，更為增聞之術。是知大學始於敬道，「術」「業」同尊；師嚴來自立威，「教」「研」並重。此學術探討之會，與日俱增；論文鋪摛之風，應時丕扇者也。夫教師以授課為主，宜贊化育於陶甄；研究為從，必廣見聞於述作。日月逾邁，年載積功，學風長揚，教澤永蕩。故飽學之士，乞靈於溫故知新；博通之師，假寵於隨時備課。方能受業解惑，高談盡聲，道古今而教人倫，辨文筆而研詩賦。若遭困惑，即自反而自強；如獲新「聞」，亦獨樂而眾樂。誨術無隱，遍鑄可造之才；序「聞」有謙，廣傳難明之義。學術研討，意義無窮，既激惕厲之風，復張觀摩之效。劉勰歎時士「多欲鍊辭，莫肯研術」，並謂「文場筆苑，有術有門」。夫入門研術，捧筆鍊辭，則儒效宏彰於士林，師庸滿載於庠序。豈不懿與！

「蛻變開新」，有合文則，既襲古昔之風，無輕現今之體。範圍至廣，學者極多，大論可宏，微言斯闡。以此為題，作論研討，展開國際大會，表現專家高瞻。名師或外國來暨，飛渡峻嶺重洋；或四方蒞臨，馳經他鄉異縣。時無古今之作，文靡長短之篇，皆直罄粲花之言，廣敷至道之論。暨經子之博辯，態度謹嚴；若詩詞之雅吟，情靈搖盪。或道駢散之根柢，句酌字斟；乍言劇曲之源流，心娛神適。他如文字聲韻之學，小說稗官之家，亦皆尋根探源，見聞獨到。

觀夫本次大會，彩烈興高，見篇章之質優，展教授之采異。標能擅美，騁學術之專長；鋪采摛文，著風流於梁苑。論理窮極，率憑慧眼以權衡；評文索源，皆抱客觀以掎摭。是以卓見迭出，掌聲不停；鴻裁頻傳，口譽無盡。會期二日，論著浩繁，談叢繞議堂之梁，成就啟後生之慮。既編專集，布在士林，則教授名溢於縹囊，論文卷盈乎緗帙。研討之作，既益教學之功；集成之編，復增披吟之便。學界朋友，高庠師儒，傾心以傳斯文，窮力以授道業。庶能拯微言之將墜，聖心有傳，振章義於未亡，文德可炳。所以大鼓唇舌，敝精耗神；廣敷見聞，勞體衡慮。學術無償，益知師嚴道尊；教庸足歌，倍覺任重途遠。嚴師之誨，固不辭於馬前；大會之功，斯有賴於鴻著。教授論思之後，陳茲見聞；諸生攻木之餘，發此感想。尚請大雅君子，無謙指瑕；盛庸師儒，不吝匡謬焉！

《湖海麗體文輯》序

(100)

九代文變，魏晉呈淺綺之風；八英才殊，陸潘鼓淵深之浪。自是詞壇屢轉，藝苑長青，飈流所存，士子沿革。劉宋模山範水，篇擅偶意工詞；齊梁換羽移宮，音調浮聲切響。徐庾一出，踵事增華，盡色情之描模，極律呂之協適。六朝金粉，瀰漫鳥跡之中；八代錦珠，布舒魚網之上。下而燕許樸茂，開宣公別裁之風；義山縟繁，啟有宋四六之體。夫駢文體製，染世情而有殊；才士作風，隨時序而歧異。後來學者，瞻望前人，或摹範而得型，或窺情而失步。不可一概也。

馬君芳耀，雅愛文章，廣涉博聞，沉酣著作。搦筆和墨，成篇章於頃間；論思抒懷，雜駢散於一簡。對緜遠古道，獨重陽春之吟；繁華世塵，偏輕下里之曲。規模魏晉，既襲淺綺之風；仰望宋齊，不離縟華之貌。遺顏、謝之事典，獨宗性靈；聞庾、徐之音聲，無務諦韻。窺視燕、許手筆，追摹雅風；仰瞻宣公別裁，顧慕儒效。故慮構胸際，藻飛簡中，無劬勞之辭情，有流俐之筆陣。如奔馬失轡，馳騁四會之莊；飛禽出林，翱翔九皋之野。隨心所欲，駢散合機，既無辭孤之憂，復免氣阻之患。此慕忻古作，體貌前賢，竭才情於鋪摛，騰手筆於述造者也。夫才學兼擅，自古兩難，相資共榮，始成霸采。才勝者多奇華之篇，或浮輕而寡質；學豐者好博贍之語，或腿重而失鮮。劉勰云：「凡精慮造文，各競新麗，多欲練辭，莫肯研術。」故才雖俊逸，不出鍊辭之功；學在崇深，必經研術之序。馬君鍊辭研術，不讓時人，布實舒華，常優眾輩。當今文筆之術既衰，雅道多翳；麗壇之風不競，比音罕聞。而先生大倡章義，堅持士心，不務世俗之榮，無爭目前之利。久耽教育之樂，素潛鋪摛之歡，多年以來，逍遙自適。而沉酣古籍，就成麗篇，累積半生之功，欲傳永世之業。

觀其所作，篇類繁多，逐文無格律之拘，營麗免音辭之害。語出胸臆，不乞靈於往賢；文抒性情，無假寵於先士。少典事之束縛，見聞清新；本胸膺之漱傾，唇舌靈動。肆筆而出，詞無絕源；乘思而來，術必窮致。不論抒懷記興，作序撰銘，話古道今，搜奇誌異。皆騁馳辭氣，應景而書；杼軸藻思，盪情斯作。率爾揮翰，篇呈翻空之奇；遽然采風，文富輯軼之趣。故成篇千數，古人莫之與京；

創「作」半生，後進難乎為繼。湖海定名，冀傳文德於天下；麗辭成選，盼得知音於後來。更期浩繁巨著，新文壇之觀瞻；諔詭秘思，博世士之賞好。進而彪炳文苑，激揚後生，重昭末景之暉，再續前賢之業。今將付梓，囑為序言，余既嘉其用思不紛，因寄此評論之無隱云爾。

庾信辭賦之用典申說

(100)

文筆之性，南朝二分；馬蹄之音，庾信始創。文筆分而有麗辭，藝文奇景；馬蹄創而嚴浮切，聲律大觀。自是文壇丕變，音辭兼工，既增聽聞之娛，復愜心意之翫。辭章藝術，登絕峰而散珠；士子藻情，灑妙墨而橫錦。南朝金粉，閃爍鳥跡之中；江左綺思，布舒魚網之上。先秦以降，世以論道而當官；六代而還，朝據雕辭以選士。庾信穎悟超世，才華軼倫，性純擬乎椒蘭，質美比乎楚玉。當其應策入仕，沐浴恩私，得武帝之寵榮，成東宮之學士。秉筆振藻，鍾靈秀於梁庭；雕詞選聲，創典型於藝苑。以文會友，得孝穆之切磋；棄故迎新，成麗辭之翹楚。宮體輕綺，雅號丕扇於闕庭；馬蹄諧和，靡音速傳於遐邇。不悟建鄴搆陽九之禍，侯景憑城；江陵罹百六之災，魏軍毀室。信使北未遣，坐視邦家之亡；仕秦無心，苟存沙塞之表。口餐周粟，心赴湖湘；身處狄營，情馳吳越。雖懷黃佩紫，忘懷帷幄之謀；襲衮曳裾，難止鄉關之歎。蓋以澤雉飲啄，不蘄樊籠之安；

海禽飛浮，無意鐘鼓之祭。故沉潛詩賦，優游文章，窮緣情之綺華，盡體物之瀏亮。雕詞潤藻，錯采鏤金，集六朝之大成，作後世之洪範。而辭賦之作，尤稱絕倫，妙在鋪采摛文之方，據事類義之術。因其經綸滿腹，善依故實以修辭；才氣橫雲，喜用前言以達意。補假之術，巧奪天工，故願以此為題，略作申說。

夫辭賦用典，庾信專攻，祕方獨傳，巧技齊備。無論抒情記事，長歌短吟，皆故典盈篇，前言彌簡。譬眾輻共轂，騁馳大輅之功；多皮成衣，溫暖輕裘之用。據典雕藻，取精義以成篇；因書立功，會舊聞以致績。酌詩書於簡上，就成鴻詞；鎔經史於毫端，陶鑄麗典。六朝士子，咸追此風；而庾信才情，獨出眾輩。隸事援古之妙，莫之與京；取資會奇之工，難乎為繼。補假之術，比無縫之天衣；經營之神，如有刑之宋畫。善於鎔化，工於比擬，以卓越之才華，運無窮之故實。譬轡繮在手，騁千里而不勞；杼軸藏胸，成百章而不亂。足使士衡輟筆，自傷「隱繁」之情；光祿汗顏，獨愧「拘束」之病。觀其「明、暗、借、反」之用，詞寡旨豐；「直援」「檃括」之方，趣同意合。故能言簡意賅，字無累贅；理通義合，論有根源。工為寄託，發抒胸情；善作比擬，闡釋章義。裨文氣之充盈，加強劇力；使章句之典雅，瀰漫古風。

用古鑄典，言簡而事有徵；酌書成文，義明而情可寄。聖賢發憤，早揚先鞭；士子摹臨，不讓先哲。三代以降，經傳據為徵言；六朝而還，篇章援以類義。前後相較，性質不同，前似椎輪，後如大輅。而庾信之賦，積典成篇，訂規矩於文壇，傳楷模於後世。典型在昔，風範垂今，予私淑諸人，豈為溢美哉？

若夫「文成法立」，謂法義假寵於辭章；「學富文明」，謂辭章乞靈於學術。辭章學術，輔車相依，若能等量齊觀，平衡並重。則氣比鷹隼，羽如鳳凰，飛軒九天之高，熠燿五彩之色。而論述之體，並無成規，可賦可詩，宜駢宜散。陸機述藻議政，駢體立萬世之功；劉勰敘筆論文，麗辭傳名山之著。陸宣公之詔奏，義感君臣；劉知幾之《史通》，名垂載籍。他如劉師培之《文說》，篇少而詳；劉孟塗之書辭，論周而當。皆成篇麗體，滿簡錦珠，而煇煥相華，鏗鏘迭奏。或論文史，或談政經，剝繭抽絲，無不盡致。甚有用庾信之舊韻，極「哀賦」之悲傷，悵清季朝綱之衰微，寫太平天國之事跡。何非學術？何非麗辭？何無明道載心之功？何有蠹文忩義之失？今以駢麗為體　反覆論思，非立異以矯時，乃慕賢而仰範者也。

《左傳》與南朝麗辭

(100)

夫聖賢彝訓，原道心以敷章；經傳典文，本人紀而立教。旨崇體要，不事浮華之詞；語出胸臆，無為夸飾之筆。高言雅義，蘊積載籍之中；洪範正規，潛藏冊書之上。先哲立言敷教，總稱文章；後昆徵聖宗經，咸仰典範。而五經雅義，辭章驪淵，義歸性情之真，篇蘊文理之賾，窮高之表，百士仰止之牆；卓絕之謨，千年取資之府。典型雖舊，餘味日新；詞語雖華，樸風正郁。善用一理，如得楚玉之歡；精擬片言，似擁隋珠之樂。而《春秋》雅正，大義驚膽乎亂臣；《左傳》浮夸，鴻篇饋糧於文士。雅正所向，紀傳移檄之根；浮夸攸關，散文麗辭之祖。

蓋《左傳》修飾峻整，文詞華浮，若成竹在胸，鋪摛無盡。揮毫和墨，妙喻思涉鬼神；談將論兵，善經貴成珍寶。奔放之勢，如峽水之衝天；淒涼之言，似秋風之襲地。興邦之樂，騰滋味於無窮；亡國之悲，吐哀音之不盡。列國盟誓，陳慨慷之勁辭；強鄰潛師，肆淋漓之諷語。記事述史，靡有孑遺；載言敷詞，皆符眾賞。學深識博，蘊「筆」「言」於胸膺；詞贍才高，侔天地之造化。釋經翰藻，極筆墨之精工；載史書辭，盡文章之雅麗。古今卓絕之籍，述作罕聞；世代無倫之書，詞苑未覩。千載以下，士子楷模，而經傳高蹤，逸步獨往。竊歎夫聖賢旨意，深賾難窺，或沿波而不見其端，或擬表而不知其蘊。然積學儲寶，取資可拾緒餘；酌雅富才，擬則即明章義。故《左傳》之衣被後世，溉沾學園，如煮海為鹽，入林伐木。經生仰聖賢之義，哲人探方術之玄，史家明古事之真，文士諷辭章之美。四家獨放異采，而終歸環中；六藝皆含藻思，而無出《左》右。觀其高義精筆，已成散體之宗；腴辭妙文，允作駢家之祖。古今二體，總稱文章，或承其義蘊道心，或挹其肌膚辭采。蓋以潤沾雨露，橘枳以地而殊；展現風華，古駢因時而異耳。

夫左氏作傳，要在釋經，而哲理典文，殷會總集。窮高樹表，後昆仰道而益尊；極遠啟疆，百世逐辭而益綺。潤滋麗苑，啟迪南人，猶時雨之雨周原，春風之風朔草也。泉源混混，供駢士之濯沿；折俎腴腴，為麗壇之珍饌。一曰：《左傳》援古徵實，用典之先聲；二曰：《左傳》宏博詳盡，用典之寶庫；三曰：成雙排偶之句，營麗之前驅；四曰：長敘廣敷之詞，鋪采之始祖。是故《左傳》文筆，遺則無窮，上而《國策》馬班，下而南朝麗體。《國策》班馬，酌彼記史之方；南朝麗辭，學其撰文之術。筆鋒既異，文詠亦殊，如園中百花，賞好相詭。且「史」以散行為主，「辭」以駢麗為歸，本世情而異區，因時序而殊致。《左傳》如膏腴當列，而煮烹隨心；杞梓立林，而攻伐適意焉。

東吳大學文社院七發樓記

(101)

東吳位士林之郊，環山蔥蒨；文院當雙溪之左，流水清悠。望故宮之形勢，古道照顏；覩錢穆之故居，儒風盈室。對岸中影，靜駐溪旁；當門星橋，長跨水上。各抱地勢，黌宮開山以經營；分居山巔，學舍踐嶺而樹立。

本系師生總集，披吟七樓，蓄勢驅前，故名「七發」。蓋「七」為吉數，「發」乃休徵，「吉」「休」相連，始成盛事。七經七教，學子伏膺，陳王有七步之詩，魏晉出七賢之士。「發義」為「發揚」之始，「發憤」來「發祥」之徵，「發跡」為立功揚名，「發皇」在聰耳明目。枚乘創體，賦家望氣而爭高；兩京循規，作品競風而入麗。《七諫》《七激》之屬，《七興》《七說》之篇，意欲代雄，體成流調。士子七樓穩座，意氣高揚；俊英逸興遄飛，魚龍百變。

良師誨人無隱，高足典學不休，聽語繼聲，相悅以解。竊聞大學之道，功在直前，既時敏於厥修，復博聞於正業。十駕不舍，積久乃成，無求造次之功，唯務浸尋之績。蓋古來載籍極博，詩文至繁，既充棟而汗牛，復積篇以壓架，苟非焚膏繼晷，刺股懸梁，安能通經籍之旨歸，綴風騷之情致乎？昔人稚齡入學，先習六書，束髮肄官，首攻爾雅。生年有涯，難窮書山；智識無疆，不盡學海。孔子學易，獨期天可假年；劉勰雕龍，大嘆人不居歲。所幸本大樓稟丘嶽之玉石，霞蔚樹青；潤雙溪之波瀾，水溫魚躍。茲土有社，保地靈之永安；維嶽降神，出人傑之不盡。況「七發」騁藻，既開休吉之徵；千英馳才，復啟坦夷之運者乎？此東吳之幸，文院之祥，本系錦繡之程，師生海山之福也。

有鳳初鳴研究生國學領域學術研討會誌盛

(101)

研術之士，不能無文以載心；翫辭之人，何可乏學以明道？是以古之作者，抱質懷文，學博而吐納深，辭工而傳吟廣。譬猶根株磐固，枝葉扶疏，綻繁華以垂條，結碩果之滿樹。以喻文用，致績無窮，如天孫之瞬成百章，驥騄之日騁千里。是知才學相輔，質文並修，方竟錦繡之篇，始成瑰琦之器。唯晚近以降，國學逢殃，或陶醉於西潮之新，或沉迷於科技之便。進學之術，遂多分歧，人各守方，無相干涉。以為恃才憑虛，可成琬琰之作；進論成冊，即盡文事之能。甚有競今疏古，以典文為逆時；趨俗輕華，視辭賦為雕蟲。狂瀾既倒，世順鼓怒之潮；歧路已紛，人懷追新之念。

幸中文學士，夙持達觀，不踵鄙近之途，能開康莊之道。繼往聖之絕學，興復斯文；播藝林之餘音，續吟廣散。夫蟲蛾之術，在乎塵埃不遺；驥馬之功，由乎蹞步是積。學子效此，無所怠荒，飽讀先賢之書，允彰〈大畜〉之象。則經綸滿腹，杼軸藏胸，搴音辭以運思，循規矩而定墨。何患乎見聞之窘，無文載心；胡憂乎志慮之遲，乏學明道。昔揚雄觀書於石室，鴻裁乃成；左氏鍊藻以十年，〈都賦〉始就。夫以揚雄博學，猶須石室觀書；左氏高才，復必十年鍊藻。才學並重，古來所同，況時人常乞靈於類書，假寵於網路者乎？夫類書網路，便於檢閱搜尋，而根柢筆鋒，必在積儲研鍊。劉勰云：「凡精慮造文，各競新麗，多欲鍊辭，莫肯研術。」蓋謂積學鍊藻，並顧兼籌；研術摛文，殊方一致。又云：「文場筆苑，有術有門。」故知廣儲多創，地義天經，安有飽學而無文，高才而窘筍者哉？

歷年大會，皆著文庸，聚南北之精英，論古今之著作。青衿信心十足，高唱一己之聞；教授功力淵深，遽談通方之見。或標能擅美，得意不讓於師；或匡謬指瑕，抗顏直批其病。陳思云：「世人之著述，不能無病。僕常好人譏彈其文，有不善者，應時改定。」世人述作，難免無瑕，若應時而改修，可無慚於千載。古無此會，文蠹難知，縱惩義而傷廉，亦媚時而傳世。倡議失檢，猶思振千載之綱；引經乖情，尚欲啟後生之慮。王弼、何晏，窮理道之崇深；陳思、安仁，極才鋒之高絕。而范甯作論，痛其非經；劉勰「指瑕」，譏其謬典。前賢學殖早奠，才華幼彰，既傳永世之篇章，猶遺千年之瑕累。況學子正業極博，智珠有涯，初作學術之文，寧無乖瑕之慮乎？故應機辨析，期理道之無庛；就眾論思，庶辭章之多彩。或能惕厲著述之意，筆不停書；切磋鋪摛之情，神無滯用。長此以往，會友以文，日就月將，春耕秋實。胸懷利器，解載籍而無疑；身展錦才，成妙辭而不假。則有鳳初鳴，三奏或舞；諸生屢作，多摩必成。漢學不衰，斯文靡墜，詞壇有幸，國故長揚。韓昌黎之復古，仁義詩書；袁宏道之開新，性靈文質。本會所務，不異前賢，論衡古今之才，平議新舊之體。

緬惟本會之創，實應諸生之需，鳳鳴八秋，龍逸千數。始則因陋就簡，即臺成帷，不辭經營之艱難，飽受奔走之勞苦。而師生無怨，程序不苟，研會雛型，儼然已備。嗣與國父紀念館合辦，困境頓銷，顯議堂之亮軒，閑經費之寬綽。稿自全國，俊才滿堂；師來四方，高論振野。歷經三載，聲遍國中，成上庠之指標，為群士所仰望。近年與多校聯合，擴大陣容，暢開兩廳之議堂，增置多類之講次。士心有寄，才氣能張，師儒盡聲，學子得義。

本屆研討，彩烈興高，來稿百篇，遺珠愈半。博學廣識，評師遠道蒞臨；秀士高才，諸子兼程來暨。質疑問術，爾來我往之爭；釋道解經，面命耳提之教。昔梁苑盛集，宮室既成廢墟；蘭亭褉修，曲水已變涸轍。豈如諸生論述，藉篇章以長存；碩學講評，成書冊而永駐乎？諸作領域極廣，篇題至繁，囿別區分，殆可數類。或詩歌、詞賦，緣情體物之章；或駢體、散文，雕藻敷言之作。有群經諸子之論，聖賢雅言；有戲曲小說之流，才士妙墨。率屬漢學領域，辭章範疇，幾經審察講評，應時改修革易。斟字酌句，庶少「魯魚」之疏；討章校篇，當無「郢燕」之謬。茲既雕藻誌盛，和詩成聯，願聞有鳳之長鳴，至望諸生之日就云。

聯曰：

江山代有才人出

庠序日瞻鳴鳳飛

故陳公新雄教授治喪委員會公祭文

(101)

維中華民國一百零一年九月二十八日國立臺灣師範大學校長張國恩暨諸治喪委員謹以清酌時羞之奠致祭於陳故教授新雄之靈前曰：

嗟星隱曜，猶減在東之明；戰陣折兵，尚衰振旅之氣。況文曲之喪，科場災殃之徵；大師云亡，上庠殄瘁之兆者乎？

嗚呼哀哉！先生稟庾、盧之玉石，潤江、贛之波瀾，才縱自天，智高在御。器識宏偉，胸情開朗，耀靈光於幼時，露頭角於早歲。甫入大學，即傳聲聞，受名師之既甄，承林老於已鑄。離經辨志，勤正業之厥修；重道尊師，奮居學以自發。攻木循先後之序，撞鐘適大小之鳴，上駟騁功，至誠無息。沉潛小學，深植根株，縱横六經，廣藏義理。貫穿百子，旁推交通，誦吟古詩，反覆紬繹。宗經徵聖，既立德以樹聲；雕藻修詞，復摛文而鋪采。夫古人進學，踐此康莊；保氏教書，循茲軌物。先生修道授業，遵此坦途，乃入聖賢之門牆，培俊英於庠序。張馬融之帷帳，聖道有傳；仰蘇軾之風流，斯文不墜焉。

晚歲自美返國，敷衽下帷，門客矢勤於探微，先生忘倦於移晷。是知博士學博，習業高視於林門；師大大師，教庸廣傳於禹域。而霧露頻降，肺肝屢傷，沉疴難攻，良醫束手。嗚呼哀哉！凄涼月色，嗚笛起於四鄰；蕭瑟秋壞，荒雞嘯乎午夜。三元尚在，徒憶濁醪之香；驥館猶開，永絕華誕之宴。死生契闊，但繫來去之間；哀樂混同，止託存亡之數。莊周齊物，避世離經，河漢之言為虛，謬悠之說不實。惟人殊物性，孰能處順無憂；動異天行，庸可安時不息。有緣相會，保情誼於平生；無意見離，繫精神於永世。

嗚呼哀哉！昔時遊宴之好，久未忘懷；今日追思之哀，永成悼念。輓樂歇而再起，幾斷肝腸；泣聲咽而復尋，盡消魂魄。往事縈繞，心神震惶；故情纏緜，精爽飛越。秋意蕭瑟，益激長思之悲；殯宮悽酸，更增永訣之慟。而先生德音宛在，彷彿有聞；典範猶存，依稀或見焉。嗚呼哀哉！尚饗。

遊嘉義觀音瀑布記

(101)

四周環海，飄邈直似蓬萊；半壁依山，穩固猶如砥柱。晶華玉石，潤錦繡之山河；壯闊波瀾，騰婆娑之滄海。閭閈撲地，隨島嶼之縈迴；華實盈疇，屬原隰之瀰迤。覩夫台灣仙境，固呈萬景爭妍；而遊乎嘉義觀音，乃見一支獨秀者歟！

夫觀音瀑布，嘉義名區，治屬竹崎之鄉，地當府城之北。山溫水暖，物阜民豐，原野綠其暢懷，谿川紆其盈目。潺潺流水，瀉自蒼嶺之巔；陣陣落風，飄於白谷之底。風水相盪，霧雨與煙靄齊飛；輝光並宣，雲霞共金星競爽。擎天銀柱，壯谿壑之奇觀；盈谷水花，暉山雲之絕色。春日而霞染翠，夏時而木張蔭，秋呈傲霜之姿，冬帶厲雪之氣，遠呈朦朧之狀，霞蔚雲蒸；近露郁晶之奇，山縈水繞。五光十色，俱成悅目之觀；逸韻清音，並為快耳之樂。日出而遊客集，采烈興高；夕椿而賞心濃，情迷意戀。節氣之觀有異，各集所安；旦暮之感或殊，咸歸於豫。

峻嶺崇山，尋幽訪勝之地；茂林深壑，遊目騁懷之區。戴日而出，旭光與朝露爭華；披星而歸，飛鳥共鳴蟬齊叫。信可樂也！

余出生下邑，羈旅上京，去鄉間之靜幽，蒙都市之囂雜。山水之勝，足以暢敘情靈；郊丘之風，適能康健體魄。管弦絲竹之盛，無以為娛；濁醪美饌之餐，豈能致樂，唯此清風朗月，修竹茂林，乃可盡於心神之娛，極乎耳目之豫。觀音瀑布，深藏山中，不請而遊客來，非歌而嘉聲遠者，蓋有由也。

唐立庾信〈枯樹賦〉碑記聞

(102)

夫貞觀伊始，時序更新；雄圖既開，休烈將建，惟歷經用武之餘，亟想崇文之際。故敬敷五教，宗法六經，宏揚仁義，提倡儒術。整飾吏治之體，端正政風；謹開庠序之門，栽培才俊。然道喪文弊，翫藝之習未泯；物換星移，雕華之工尚在。騁馳詩賦，仍襲六朝之風；杼軸文章，尚存八代之氣。太宗抱經天緯地之略，沉酣時文；懷震古鑠今之才，賞好庾賦。風氣所繫，習套攸拘，雖有天縱之才，亦為時序所囿。

太宗顯謨鴻烈，本乎開張聖聽；華藻雄文，源自尚友賢士。尤宗法庾信，慕忻風流，不惟憫其遭逢，更復讚其才氣。斟酌儀表，規摹內涵，沿波得奇，臨範入麗。賦風近似，辭藻雷同，酌其義而得其神，貌其形而得其似。庾信〈春賦〉：「苔始綠而藏魚，麥纔青而覆雉。」太宗〈小山賦〉：「風辭暄而入暑，樹替錦而成帷。」庾信〈小園賦〉：「摧直轡於三危，碎平途於九折。」太宗〈感舊賦〉：「時觀兵於九伐，聊息駕於三川。」實存觀摩之意，微見套用之痕，私淑之心，覽辭可辨。故勒〈樹賦〉於碑石，觀妙迹於書家，乃士林雅聞，藝苑大事。故知宏圖卓見，初衷所依，是文士之弄閑，抑政經之寓意。惟唐之勒賦，猶漢之刊經，或本太宗之慕賢，或依靈帝之應奏。石經樹賦，聖賢席珍，可共日月以長存，隨江河而不廢矣。

就〈樹賦〉辭義，即碑誦吟，足以惕勵朝臣之心，恢宏志士之氣。則庾信蕭瑟，仕狄之懷易昭；貞觀欽明，勒碑之意無隱也。

又復唐室肇造，朝綱始基，內正「後至」之誅，外平「南牧」之患。行李往復，國書遞傳，或見留為囚，或羈旅不遣。舉國一統，春秋大義未明；漢胡異居，南北封疆難定。遵時養晦，共商盟誓之談；偃武止戈，遲出不祥之器。枯樹一賦，聲聞華夷，庾信羈旅之憤，暫官偽朝；鄉關之思，永戀梁主。昔仲文不樂，惟歎庭槐之衰；淮南長悲，實因木葉之落。樹之根衰，猶有搖落之象；人之氣竭，豈無哀鳴之音。無奈之景，雖沉思而不堪；強忍之悲，縱浩歎而何用？思庾信之遭遇，涕泗欲流；望槐枝之枯萎，肺肝幾碎。

太宗聖主，文武兼資，歷數在躬，蒸黎是恤，深通經傳，饜飫澤膏，洞明治亂之機，雅好篇章之作。辭賦書道，幾作「退息」之游；庾信風流，實為「仰止」之範。立碑勒賦，隨世相傳，既啟後學之心，復揚前賢之意。惟聖君理代，能修丕顯之謨；卓見良圖，可造永恆之績。而羈臣言以足志，文以足言，鋪摛「枯賦」之萎，慨歎行李之痛。故嘉其志節，讚其忠貞，好其賦篇之瑰琦，惜其遭逢之乖舛。遂良書法，猶龍飛鳳舞之姿；庾信心魂，呈一夕九遷之狀。昔鄭伐陳國，子產以慎辭為功；宋享晉卿，叔向因多文贊禮。〈樹賦〉之作，情采兼擁，成士林之奇珍，為後進之瑰寶。文章大業，乃太宗之宏觀；辭賦高才，實庾信之逸步。《文章指南》：「唐初文體，沿六朝之習，雖以太宗雄才，亦學庾子山為文。」本文論子山賦樹之意，測太宗立碑之心，創作之辭，臆度成說。殆古人之所罕論，今士之所未談，造作所依，唯有推想，但若言之成理，已竭吾才，如知音不然，唯待來哲高見。

學術、創作，源自一體

(102)

春秋嚴謹，託微言於魯年；左氏浮誇，耀腴采於周乘。一字褒貶，千秋榮辱之徵；簡言潤修，百代文章之祖。故知前賢經傳，恆飾書辭；先典雅言，不離事義。明道為本，須假寵於辭章；馳思為宗，必乞靈於載籍。述作合一，不相攜離。故雅義麗詞，布在方冊。倘天下二道，聖人兩心，則虎鞹失炳蔚之姿，翟翎乏勁剛之骨。或徒積事義，而忽音辭之工；但修文章，而輕理道之用。必情饒詞隱，如美女之衣敝袍；文豐質羸，似野人之服華袞。乃表裡失統，質文乖宗，雕辭乏性情之真，達志無聲色之美。故必質義脈注於中，文章綺交於外，然後情高采縟，氣盛言宜。是以士子揮翰，必飫經綸以飛文；聖賢著書，務披錦繡以為體者也。

邇來士子，學作論文，莫不銷鑠精神，竭殫智慮。會紛紜之文獻，翦截彌縫；集廣博之論談，剝抽條貫。借援多人之見，開啟思維；融合眾解之長，加增術智。

高議宏論，洋洋敷理之篇；立就速成，郁郁彙刊之作。競相慕習，擊節應聲，革百代之舊規，成一時之新體。秀士樹範，以背道為創新；俊生追風，視離經為開學。於是造作之能盡失，文同書鈔；誦吟之製無存，學賴網錄。而潮流所盪，浪衝九天；雨露攸覊，花綻遍地。文變本乎時序，詞壇難違；風移由乎世情，傑士莫逆。今之拾餘綴緒，既悖屬文之心；疏古競今，已離治學之本。時教呻簟，止乎纂輯之談；導師訊言，盡在會編之術。引文徵義，必標梓書之家；據典釋詞，應指出版之日。論著分節，條綱繁若絲麻；篇章馳思，「述」「作」辨猶軫翼。文依定格，難作誇飾之詞；言據成規，不為騁馳之巧。諸生焚膏繼晷，按部就班，敝精神於搜羅，窮歲月以彙輯。零編散簡，每綴連以成章；集軼補袍，輒展示以為寶。近代所競，士子乘勢而飛；時流所趨，師生隨風而靡。

又復學術重在立意，論述為歸；創作貴乎能文，鋪摛為主。兩者合德，自成篇章，世易時移，始異軌轍。創作則直言朴質，貴在任真；而曲士蓬心，拙於持論。學術必總和眾說，剽取見聞，翦裁他人之功，成就一己之力。或遠離文本，蔑通習之書功；空繞外圍，矜彌縫之縹帙。夫自古述作一體，混然在篇，「術」沿「作」以成文，「作」借「述」以載道。經傳子史，聖賢書辭，皆不離飾華之工，以成雕縟之體。單篇論道，不必「章節」之分；片簡敘情，寧須「字詞」之注。雖時序或變，質文或殊，而筆下之工，百慮一致。蓋以古籍雖舊，鎔鑄則新；前言雖難，注疏則易。周詩「因舊惟新」，孟子「守先侍後」，往聖定理，恆久不刊。故百萬子之著作，率由舊章；數千年之簡編，無外茲範。前人創體，既理舉而意賅；後士效篇，必情深而辭贍。是以千秋筆苑，屢見辭風之移；而百代詠歌，未聞「文則」之易。彥和云：「望今制奇，參古定法。」萬世文律，豈容有疑哉？

文藝──文章辭藝

(102)

文章藝術，見於修辭，《周易》以「立誠」為箴，《尚書》用「體要」作訓。故聖經賢傳，載籍百家，成辭以立意為宗，布冊以明道為本。故先哲尚實，徵聖宗經；後生崇辭，繪聲雕藻。而周公重藝，釜藻群言；孔子從周，鎔鈞六籍。亦聖人多致，行文造語之殊；表裡兼通，遊藝致用之異也。是以三代述作，不求飾華之工；聖賢書辭，竟以雕藻為體。故知經傳子史，文藝已存，後昆踵事而增華，詞客循規而加麗。洎至魏晉以降，騁辭之習漸開；六朝而還，遊藝之篇聿著。千年梁苑，屢見崇文之風；萬卷國華，率循尚藝之習。六朝錦繡，既綺縠之紛披；四上竽籥，極鏗鏘之靡曼。

至徐庾宮體，音辭益奇，盡態極妍，開今創古。文章之妙，猶百變之魚龍；藝術之工，比精雕之璿玉。光芒撲地，赤城千里之標；音響沸天，梁室九成之調。覽文猶如賞藝，藻雪心靈；鋪采直似雕龍，飛軒日月。

宮商飛越，士子競趨，極簡編之大觀，盡藝文之能事。三唐因革徐庾；騁藝搜奇；兩宋追逐柳韓，尚文貴質。暨乎清代，駢藝復興，或襲舊格以成風，或因往朝而立派。琳琅滿目，皆足觀瞻；輝煥連篇，盡可賞翫。歷代文藝，體貌尚存；千年辭風，精神猶在。

民國以降，西風東來，傳統典文式微，古今觀念以異。新潮波浪方激，千古風流告終，五四創新，文革除舊。固有詞藝，蕩然無存；新生語文，勃爾奮起。文言作品，隨世情而中衰；語體篇章，因時序而鼎盛，新舊交替，昔屬藝苑正宗，今成梁園舊調。金谷樹老，時感去故之悲；河陽花開，常懷迎新之望。

文章藝術，由古而今，世情所因，時序攸繫。詞壇盛事，盡賞好以娛心；翰墨新觀，廣鋪摛以肆志。流傳千古，興衰有時；霑溉後生，好惡隨意。或好煩文博採，尚崇浮華；或喜辨白離言，貴重奧旨。故文藝深淺，本無準依，惟士心好尚，始有區別。若崇今鄙古，猶葛、裘之不分；趨易避難，似飲、食之不辨。違乎時令，悖乎世情，曲士之心，難達玄理。

是以古今辭藝，聲華為依，語體文言，皆適觀賞。惟文言雕藻，辭約慮深；語體發思，文長意顯。深則和寡，或指為廟堂之篇；顯則賞多，或稱為大眾之作。

溯夫清鼎既革，語體逢風以啟疆；西潮既侵，文言遺世而藏跡。千年辭運，萬士才情，消長之狀兩歧，誦吟之聲大異。有識浩歎，亦無力以回天；群倫深明，遂推波以鼓浪。語體滋長，至唯我獨尊之巔；性靈發抒，臻登峯造極之境。士有一藝可採，片言稱奇，則群眾誦吟成風，文林珍惜如寶矣。竊謂文藝發展，體型多端，變化本乎世情，轉移繫乎時序。而士子健筆，直道正辭，不附和於潮流，無步趨於世俗。韓柳復古，正時下之靡風；歐蘇反楊，革西崑之卑格。辭藝傳統，文起八代之衰；作家正宗，風成千年之範。故藝文之作，要在允執厥中；士子之心，誠宜調和今古。競今疏古，或少根株之基；志古遺今，或損華葉之表。必也古今並務，本末兼修，庶能乞靈於聖賢，揮翰於簡冊。則文藝滋長，世情雖導而弗牽；作家發抒，時序雖強而弗抑。故縟雕為體，不違先進之誦吟；揮灑成篇，無愧後昆之創作焉！

麗體創作，魚龍百變

(102)

蓋聞聖經賢傳，文約而旨豐；辭賦詩歌，調諧而音美。簡言發志，健筆載心，所以雅義積中，精詞彪外。曾微刻鏤，文含藝能之工；不有協調，聲洽天籟之美。雖曰「雕縟成體」，仍以立意為宗；縱言「藻思為文」，未離述情之本也。魏晉以降，文體丕移，音藻漸工，篇章日綺。風氣宕滌，時流傳播，作者馳騁文華，已成風俗。簡編藝術，逮梁陳而至工；士子書辭，競綺縠而極艷。六朝金粉，飛灑麗壇之中；江左風光，映帶華簡之上。名篇巧製，無預詩書之雅言；麗典工聲，實極翰墨之傑品。余終歲沉潛，既開學而仰經；半生陶凝，復剖情而翫采。雅好辭藝，寢饋縹緗，創作麗駢之辭，論思學術之著。音聲在紙，俱成悅耳之歡；翰墨飄香，並發愜心之論。而春秋代序，少耆之風屢遷；時序更移，體製之格多變。早年氣盛，酣於六朝之型；晚歲情鍾，耽乎徐庾之體。氣盛意銳，篇長而少雕華；

情鍾力沉，詞簡而多飾羽。夫六朝錦繡，顯煇煥之奇觀；徐庾馬蹄，奏鏗鏘之雅調。文藝之美，唯適耳目之娛；辭情之工，但期性靈之樂耳。今學術創作，共轂為車；事義文章，同篇合事。觀夫聖賢載籍，文至簡而意賅；士子書篇，詞至工而事覈。孔孟方冊，豈見棄美之篇；莊韓寓言，安無雕華之簡。經典之作，率立誠以修詞；士家之言，皆積慮於染翰。竊心模式，非立異以標新；獨力效篇，實尊賢而重道。故移晷忘倦，口不輟於諷吟；竭思無勞，手靡停於述作。甲子歲月，蓄經綸以富才；萬千篇章，積簡牘以成冊。而日月逾邁，性靈難居，所願抒見聞以著聲，假述作以飛實。則學術發達，經國之業勃興；斯文昌明，述情之功不墜爾。

五股之情，永銘弗諼

(102)

時追一世之前，歲在庚戌之夏。余忝列教席，初應鐘聲。執鞭股中，啟發六藝之義；傳授國文，樹立百科之基。長善救失，寄厚望於諸生；殫智竭慮，求無忝於師道。五歲小成，已植菁莪之無數；百年大計，固知教育之有方。既而受聘上庠，黌宮課試，因鼓篋以遜其業，呻笘篳以立其學。又復沉浸醲郁，酣飫風騷，爾來一世，歷易三庠，戮力教學，陶然自樂。日月代明，無察時之遽往；春秋更序，不知老之將至。而五股之情，永銘弗諼。嗚呼！日逝體衰，曹子桓之浩歎；別易會難，邯鄲淳之長悲。追憶昔日生涯，既多勞結；緬懷股中教義，固稍意愜。勞結者欲其解，意愜者欲其宣，無望好事之求，不期知音之錄。作文之旨，若斯而已。

當余初登饘序，列席股中，適九年一貫之發端，五育並重之首唱。教令變革，大刀闊斧，籠宏制於往圖，駕良規於前錄。動見觀瞻，不可輕窕。稍有脫略，或挫美意於將伸；多用心血，可展良圖於既定。成敗之間，福禍攸繫，成則徼福，敗則賈禍。成則全民歌庸，百年之計勃興；敗則四方失望，國教之綱或墜。規模存廢，在此一舉；制令興革，于焉底定。故教師任重，學子課繁，歲靡曠日，月無虛時。早讀之後，繼之以正業；晚歸之暇，督之以居學。朝暮不間，風雨無阻。然而青衿之趣舍不同，靜躁有別，觀念懸殊，眼界迴異。或時術無荒，從容深造而自得；或隱學畏難，勉強淺嚐而自艾。故傳道不易，授業維艱。同鑪而冶，則齊物而不見其功；分科而教，則偏績而弗彰其義。孔子所以倡「無類」，韓愈所以作「師說」者也，古今所憂，理無二致。唯有因材施教，聽語傳學，強而弗抑，導而弗牽，或啟以升學之門，或勸以習藝之術。學藝分疆，競能爭美，實理殊轍，齊足並轡。是以三十年來，成就不一。或著勳華於政壇，或昭風範於崗位，或為工廠老闆，製器物以裕民用；或為商業巨擘，通有無以暢貨流。林林總總，行行業業，經世益時，其皆由學。苟非九年一貫之基，五育並行之教，烏克綻此異采，萃斯繁華哉？進學之益，在於益己之智；教師之樂，由乎樂見其成。二美駢具，快然自足。

無奈過隙不留，浮生多變。春渚青山，徒擁延想；秋天白露，幾易光陰。一別已逾三十載，再會正隔一世間。吾年屆艾壯，諸生庚已茂齒，回想昔日，一一在目。吾逾弱冠之歲，血氣方剛；生值舞象之齡，稚心未艾。何圖視息之間，玩歲愒日，俯仰之際，勞生佚老。隔世來歸，五股之閭閻猶是；極目遙望，水鄉之澤陂已非。感今懷舊，垂涕無從。雖然，人居北市，意戀戀於「阿鄉」；身在東吳，心睠睠於「股中」。觸景生情，因事興感。河潭泛舟，猶憶五股之水；肴蔌陳席，必思觀音之筍。春裡踏青，若登山篁之園；秋中聞樂，似傳殘竹之聲。回顧開山院文，古意尚纏胸際；遐思西雲寺誌，名聯常出目前。簪履舊物，固使悽愴而銜涕；衽席故情，尤令感慨而傷神。別則必怨，怨則必盈，既乏潘、陸之墨妙，又無顏、謝之筆精，因事記懷，聊綴成文。班孟堅見而小之，是所甘心；劉子駿譏為覆瓿，孰曰不宜？

七十退休自序

(102)

余性本駑鈍，常恃樗木之資；才無利鋒，庶免啼禽之禍。自幼及長，一秉率真，處事平和，待人誠懇。不爭長短，區嚴是非之分；無計盈虧，堅守正義之防。小技見勗於師，心無倨傲；精誠受容於友，行益謙恭。志學以降，幸承恩於大師；教書以來，是所望於高棣。犬馬之齒，過歐公之生年；師長之期，逾蔡子之餘壽。追憶生涯，逢舊識而慷慨；靜思老態，對夕陽而咨嗟。悲哉！質非鐵石，身如蒲柳之早衰；志銳金剛，心似春冰之先泮。七十古稀，尚有何憾？百年已分，非無可期！胡不排愁破涕，暫展歡顏；享樂銷憂，永除苦意。開懷肆志，惜取將盡之時；悅性娛心，享來退休之樂。

夫勞生至苦，讀書方甘；處事惟辛，教學乃樂。讀書教學，將近甲子之長；取樂尋歡，已成身心之食。仰瞻駢儷，沉潛不辭於苦辛；攻詩詩書，嗜耽無怯於勞累。真積力久，敝精耗神，不遺蛾蟲之功，無捨駑馬之駕。窮年累月之功，略明儷義；集腋成裘之勸，粗創駢辭。鑽研含煦，多蓄往行前言；創作發揮，每馳新聲麗典。含煦以教弟子，入勝為難；發揮以成篇章，出神實困。困則自強，難而無畏，故優遊歲月而不倦，馳騁夕昕而靡勞。然日月已邁，性靈不居，制作不足騰聲，行誼無所樹德。緬懷往昔。萱蘇乏蠲愁之功；還念今朝，旨酒無難老之用。思前想後，獨貽伊戚；仰昔俯今，倍起此悵。大塊佚我以老，定規屆齡必休，試尋緜遠之故跡，用志熹微之前蹤。

　　大學畢業，執鞭國中，而知慾無窮，亟思深造。齒在踰立，始入高庠，經八年時敏之修，終得碩士而博士。任教大學，三易校園，始從銘傳履其端，中在警大舉其正。終歸東吳，傾囊授業，獻所學於母校，盡全心於青衿。嚴師呻篳，出自深衷，多其訊言，汲於數進。速化之術，雖非韓愈所長；劇思之勞，則是王充所驗。故責善之效，務必強以告言；養成之功，豈能以聽語？蓋今日術業千種。營生之技有殊；學科百般，解惑之方斯異。為師之樂，在招搜天下之英；教學所宜，惟造育國家之士。不強力以督促，何期大成？非盡心以導牽，難盼深造。余才思不敏，勉諸生以有為；志意甚堅，匡眾士之不逮。惜才若子，說士猶甘，冀逢瑰琦，思樹杞梓。得一賢契，意愜心歡，似韓愈之貽李蟠，歐公之策蘇軾。是以曠日歷久，執鞭無勞，未有加思之心，不曾弗務之念。及兼主任，思欲有為，竭慮盡心，經營策劃。默書競賽，期望蓄素以弸中；古文創作，庶使散采而彪外。編著課本，以為大一教材；有鳳初鳴，以登碩博小論。列其大綱，皆屬創舉，逐一實現，大造諸生。然正聲或未適里耳，至論或違離眾心，以致謗興毀來，波蕩全系。言偽而辯，舌唇之利為虛；行乖而堅，心手之圖盡反。笑人非工，實藏心妬之患；稱己已足，真露志誇之嫌。智比蘇軾，而將「種樹」「人才」並題；識通俗學，而謂「夢雲化鳳」無據。夫樹木甚易，育人至難，苟非好善憐才，殫心竭慮，安能樂埋書種，喜仰德星，罔顧俗鑒之非，樂耽百年之計乎？

教學相長，傳記所言不虛；述作同編，聖賢諸籍皆是。相長互濟，既銷鑠平生之神；共撰同編，幾鍊磨甲子之久。蓋述作合德，原不分離，先秦已成之書辭，往哲既發之典訓。明義為主，辭無棄美之偏；抒懷為歸，質必恃文以立。聖賢弘道，布方冊以成經；子史寓言，凝藻思以耀采。文質合轍，道言相宣，既融攝以成編，非攜離而解體。自古以降，文辭之功，聖賢創典於前，士子取徵於後。規矩常存，簡編不絕。邇來道弊，無復尚文，世情以競今為高，學界以趨俗為妙。

士林虎步，藝苑鴻騫，百代舊命全捐，瞬間新招層出。拾遺綴緒，貪取他人對功；輯軼補袍，湊成一己之作。而世人深廢淺售，鐘沉釜鳴，狂風直颸，驟雨無阻。宋玉白雪之嗟，莊周析揚之笑，豈虛言哉？良有以也。夫《春秋》闕文，尚貽「斷爛」之議；《史記》摭傳，猶蒙「散分」之譏。況翦截彌縫，會文獻以成篇；條貫剝抽，竊見聞以為論者乎？每思及此，懼然若驚，故綴慮臨篇，輒以為戒。創作學術，皆用麗辭，義雖取諸前人，文必出乎己作。累月積年，頗見彩烈興高；得心應手，咸能意到筆隨。寓創作於學術，藉駢詞以論文，表裡相資，共濟其美。成天寫作，已逾百萬之言；終歲經營，既白千絲之髮。友朋見狀，勸以少休，志意獨堅，應以無妨。但願敝精神於學術，闡發儷規；灑翰墨於詞壇，就成駢製。鞠躬竭力，善盡述學之能；搖筆散珠，允成飛文之望。鎔經鑄典，用事靡假於類書；比響諧音，營聲無待於韻譜。四六隔聯，非乞靈於陸機；馬蹄成調，不假寵於庾信。使將絕之學，譬蘖生於十寒；垂蠹之文，如身癒於百沴。逾耄之歲，回首無愧於平生；好駢之徒，驅前有得於師範云爾。

滾滾長江之水，萬折必東

(102)

我雅好文學，嗜愛縹緗，自受教以來，沉酣不倦。早歲潛思古體，習作散篇，既能氣盛言宜，復可事詳語盡。直書其慮，無所疑難，物浮大水之中，情寄簡編之上。望文生義，切理饜情，載心之言不虛，傳遠之實有據。經傳子史，言精意賅，篇無空浮之文，章有踏實之旨。乃後昆採掇之籍，眾士之師；諸子取徵之書，群言之祖。兩京以降，代有傳沿，雖間有中衰，而旋能興復。六朝陵替，韓柳振弊起頹；唐季沉淪，歐蘇崇儒復古。自此散文正統，定於一尊，文言成篇，錯落為體，無微不達，靡屈不伸。載道抒情，何適不可？余則手披口誦，心嚮筆隨，篤志摹擬，始終不輟。弱冠之歲，情有別鍾，既愛駢麗之風華，復承名師之雨露。尤嗜宣公之體，委婉盡思，論深事情，言中肯綮。上奏下詔，義氣干日；恤民體國，忠心傲霜。論必徵實，鎔聖賢之雅言；詞非踏空，切人世之急務。敷君國之大事，鉅細靡遺；條庶民之殷憂，洪纖必奏。精剛陳詞，三致諫意於簡上；慷慨論政，屢申辯言於章中。摛文鋪采，乃篇章之楷模；議政陳謨，為治亂之龜鑑。恢弘儒效，義蘊本乎六經；彪炳藻功，筆酣來自《文選》。振辭煇煥，是儷壇之奇葩；論理經通，洵政化之寶典。至若六朝之作，聲辭兼工；徐庾之文，格律益密。四六隔聯，如技士之雕鏤；馬蹄成調，若樂師之比音。余復癖嗜此體，賞吟其工，聞聲響而耳歡，瞻輝光而目眩。經數十之鳳曆，好樂無荒；敝無窮之精神，日模成趣。優遊滋久，體悟稍深，雖望宮牆之巍峩，未見宮室之美富。仰瞻體貌，苦心規摹；顧望風流，潛意慕習。昕夕杼軸，假寵徐庾之章；風霜騁馳，乞靈馬蹄之調。而淺嚐粗識，或敢期於今朝；取極鉤深，是所望於皓首。但以平生述造，惟儷是營，俱成耳目之娛，饜飫心靈之賞。故創作述志，駢辭為篇；學術論文，儷製成體。有限歲月，沉潛經籍之中；無窮藻思，陶凝麗辭之作。寄望大造，終無睿篇，而汲于數進，輒騁筆鋒，夕昕不離於鋪摛，動靜無忘於諷誦。欲窮所餘之歲，選義考辭；罄將盡之心，揮毫動墨。乃知滾滾長江之水，萬折必東；我緜緜腦際之思，百凝皆儷。

隨感

(102)

讀書為用，美身益智之源；積學之因，明善新民之道。梓桑之里，民智未開；海鄙之疆，交通不便。兒童樂遊鄉里，安知讀書；作息田畝，何意教子。天真幼少，幾成化外之童；錦繡風光，猶似九夷之陋。吾深居窮巷，人多鄙夫，童子貪歡，翫歲愒日。家父遠見，為爭讀書之機，越過鄉鎮之區，涉經河溪之水，夫路遙越區反近，事阻盡力則通，仰家父思慮之周，目光之遠。養育之恩似海，栽培之德如山，追思而涕何從，報德而親安在？昔常不足，而今有餘，六一抱「何及」之嗟，不肖懷永憾之歎，寧不哀哉？九歲入學，終償久盼之心；長時聽言，始道難通之語。讀書識字，以立學基；造句作文，以供日用。口講指畫，老師面命耳提；言聽筆隨，學生心擬手效。故終其所業，雖仍無成，而作文之基略擁，書法之筆稍健。稟生之路阻險，升學之階盪搖，報考者三十有餘，落榜者百分之百。

余拭乾眼淚，重新向前，歷經溪州初中，插班實驗中學，後被拒大學門外，幾嚐難辛，竭無限之駑功，經再三之鳳曆。終償所願，登榜東吳，探經傳子史之籍，習詩歌辭賦之篇。梁苑廣大，招士子以論思；黌宮巍峩，選俊英以吟詠。余逍遙其內，如魚躍於淵，深體沉潛之甘，遍嚐鋪摛之樂。嗣則忝列教席，執鞭國中，頗自反自強，而得斅學之益。而後繼續深造，更上層樓，經八年時敏之修，終得碩士而博士。任教大學，三易校園，始從銘傳履其端，次在警大舉其正。終歸東吳，竭盡所學，傾囊而授，培植梗楠。古今事典之用，鎔鑄見工；駢儷音辭之安，協調稱美。腹有詩書，乃士子之鉅富；帳羅俊秀，是人師之大歡。平生懷抱，既竭所能，而諸事煩心，始終難解，子女責善，有悖聖心，親人望龍之心，豈違正道？家中各持己見，不得粘木之膠；獨抱師心，難尋合玉之石。婚姻大事，難得稱心之逑；職事多行，常興失意之歎。理想迥異，何求家室之安？認知懸殊，亂點鴛鴦之譜。責善過甚，反彈之釁易生；聯歡不常，接觸之機難覓。溝通鮮少，或多慮而有嗟；期待益高，或虛恭而實怨。各持異見，獨抱師心，父親之威不存，家長之位已虛。午夜夢回，愴然涕下，既真且實，情何以堪？慷慨之氣，固不宜於家中；溫馨之情，復不見於父子。果皇天有道，循環不差，然「與善」豈便為真，「輔德」安知非假？一家不齊，何以為範於文苑？個人不遇，焉能擅名於未來？

士子之患，在乎正業不修；辭家所憂，必是詩文不就。吾志雖不敏，而日夜敬慎於厥修；才雖或卑，而載年克勤於創作。所以逢此無奈，不知若何？乃皇天佑德之不周，益友輔仁之無驗也。是以悠悠我心之悲，百思不解；但願朗朗天地之道，有往必來爾。

大塊假我以文章

(102)

蓋聞五常人性，最尊貴而精明；七彩物宜，極繁華而絢麗。絢麗烟景，因繪描而益妍；精明逸思，必陶鈞而增慧。黃帝聞鳳凰之聲，依律成曆；倉頡見鳥獸之迹，象形作書。是乃賞聽啼鳥，懷好音而起情；視察蹄迒，辨分理而動念。創者曰聖，博大無疆，上哲靜心，感物而動。若夫堯天舜日，煥乎爛縵之文；夏鼎商盤，善哉英明之教。皆似仰天俯地，製為詠歌；觀陸憑川，訂作誨訓。非夫兩儀四象，九域萬民，何由興大聖之睿思，贊千秋之政化乎？孔子鑒周日月，思涉機神，發天地之精靈，闡六經之奧義，兩儀之卦，十翼之辭，識鳥獸草木之名，辨水火風雲之性。亦皆物色天道，因杼軸以為言；人文地宜，以經綸而成論者也。

至若莊子恣縱，萬物畢羅，吐芒忽之寓言，悅荒唐之謬說。馬遷疏宕，遍遊山川，浩氣充乎其中，雄文肆乎其外。故知諸子之論，史家之言，莫不假外物以凝思，因世情而發志。詞達理舉，足致應感而闡微；意周旨深，因能鉤玄而取極。性靈鎔匠，百代仰瞻之徵；翰墨宗師，後昆祖述之範也。

後之騷人墨客，抱玉握珠，更仰觀吐曜之奇，俯察含章之盛。屈宋諸作，天地悠闊，上而雷公神明，下而花草樹木。而風貌獨特，篇辭詭奇，出頓挫之音聲，表壯悲之情感。蹇紛侘傺，書楚國之語言；荃蕙芷蘅，名湘中之植物。軒翥六義之後，詩文奇葩；奮飛兩京之前，辭賦英傑。蓋以郢中景物，啟才子之藻思；楚地風雲，盪忠臣之靈性。故能氣往轢古，辭來切今，誠信感於鬼神，才情震乎天地。乃知文思奧府，來自山林皋壤；辭賦深情，吐乎湖海泉石。《文心》云：「屈平所以能洞鑒風騷之情者，抑亦江山之助乎。」者此也。

又若登高而賦，臨水而歌，先覩物以興情，後揮毫而鋪采。故漢賦之盛，文壇奇觀，帝王好從欲之言，詞士獻媚君之術。瓊樓玉殿，以歌文治之功；碧樹璿淵，用頌龍體之壯。故概日之館，竟稱宛虹入軒；弋禽之園，直道龍雀落網。嵯峨宮殿，喻帝德之欽明；壯麗林園，表政躬之康泰。寫物圖貌，流連於王宮之中；釣谿弋林，徘徊於聖體之上。《文心》云：「鋪采摛文，體物寫志。」非其然者歟？

至於魏晉以還，人性覺醒，世情遷移，文體轉變。詞人才子，觀念多歧，或尋虛以逐微，或遺理以存異。文多載景，詞每體情，寫物之篇日增，雕章之習漸著。洎至六代，藝文勃興，江南烟霞，瀰漫無際。士子尋幽訪勝，振筆墨以飛文；記趣抒懷，陶性靈以雕藝。書信往復，假風景以敘心；言談應酬，指山川而論道。吳均、宏景之信，景致無塵；僧孺、何遜之書，風情獨特。他如酈道元水經之注，河流為綱；楊衒之伽藍之篇，寺廟為主。鋪詞欲綺，據事有徵，更為述作之楷模，文章之典範。唐宋以下，作家比肩，辭賦詩歌，波屬雲委。比蛇珠而自珍，賽荊玉而獨寶。載在簡牘，歷賞飆高；藉諸篇章，同聲頌美。乃之體物吟志，鋪摛成章；盪心起情，揮灑定墨者歟！

故知人生而靜，感物心搖，情隨景而徘徊，意應時而宛轉。文章之作，性靈所鍾，瞻萬物而思歧，遵四時而感異。思慮所構，才情所擁，必因土風氣候而殊，大塊雲霞而變也。士子仰山觀水，方陶性靈以鑄詞；訪勝尋幽，始秉刀筆以雕藻。《文心》云：「寫氣圖貌，既隨物以宛轉；屬采附聲，亦與心而徘徊。」則五行秀氣，天地精靈，安有物色之召而能安，慘舒之變而無感者乎？故大塊品物，四時土宜，煙景煥華，山川壯麗，極妍盡態，似錦如珠，不惟翰墨揮灑之源，抑亦文章蘊藏之府也。

傲不可長，欲不可從，志不可滿，樂不可極

(102)

民國五十九年，師大國文研究所碩士班入學試題，時本人以作文八十九分，居歷年之冠，林所長 景伊提出欲破格錄取之議，但因某教授所擋而罷，雖未被錄取，但消息傳開，人所樂道。今日追憶當時文中內容及筆調，若在目前，故再潤飾加增，以為紀念云。

傲不可長。君子處世，必以謙虛為先；道家養生，乃依淡薄之性。上經說道，以不伐而有功；五柳彈琴，因無弦而致樂。攝衛惟宜，期在謹身節用；保全之術，必於少慮養心。遠離甚泰，勿樂極而生悲；安守謙和，無志滿以成惰。遏除嗜慾，以戒奢華；平止傲風，用增祥氣。嚴律自我，修禮樂以樂群；恪遵中庸，本詩書

以悅性。則民心敦樸，秉大倫而無違；世俗純清，依正道而不屈。天下休美，由乎萬品之直明；國家隆興，本自四方之敦化。

人懷雄心壯志，將大有為，或錐股而和熊，或焚膏以繼晷。建言樹德，期耀祖而光宗；殫智盡心，庶福國而淑世。然或施勞伐善，傲氣凌人，謂己為賢，不可一世。甚而夜郎自大，包藏傲心，否定他人之長，不知自我之量。凡事矜衒，不稍檢括，阻險橫亙於前，艱難薦臻於後。以致恢心僨事，盡摧將成之功；解志傷情，全沮已足之氣。故驕兵必敗，荷堅之驗之符；傲物乃摧，潘岳既成之憾。以周公之聖，若驕吝猶不足觀，況眾庶之才，又豈驕伐之可恃乎？《尚書》〈禹謨〉，物以滿而遭損；《老子》天道，人自驕而罹殃。典文在目，世或不知；理道藏心，君或不鑒。秦皇驕固，所以喪邦；隋帝矜誇，因而亡國，豈不悲哉！《史記》云：「傲不可長。」豈虛言哉？

欲不可從。夫寡慾應世，長生久視之方；少私待人，同樂共歡之術。少私寡欲，同樂長生，人群和諧之端，家國興隆之本也。慾望之生，緣於感物而動；私情之起，由乎盪心而來。天然景象，可足所安；人性需求，適當而止。不見可欲，宅心無荒；未知有私，懲性靡亂。袪其物慾之擾，始為心齋；戒彼情私之徇，方能坐忘。虛明坦白之心，應天不悖；樸素真誠之性，隨境而安。知止不殆，免事物之累心；守愚無爭，陶心靈以養性。簞食瓢飲，顏淵之樂無央；衡門絕樞，陶潛之歡不盡。若慾深谿壑，無術填平，而虧人以徇私，損彼以利己。則傲倪萬物，首觸其衝；違悖世情，自貽伊慼。石季倫之窮奢，身繫囹圄；何穎考之極慾，禍延子孫。紂王象箸，箕子深痛其侈；管仲三歸，孔子極鄙其器。故知君子寡慾，足以保身盡年；小人多奢，必致枉道速禍。記曰：「欲不可從。」豈非明鑒乎？

志不可滿

志之為用，至銳且堅，善加礪磨，直行不輟。若輔以道義，厚植氣根，塞乎天地之間，加諸事情之上。則一體為用，至大至剛，浩然長存，沛乎四塞。挫摧百物，所之靡前；排拉千夫，無往不利。立志遠大，滿盈則摧；使氣高昂，不足則餒。若行遠半廢，則不竟全功；為山中疲，則未成一簣。故志大而滿，溢則難迴，騄騏無一躍之功，蛾子輟時術之效。河伯志滿，見海若而獨卑；鷦鷯性謙，處藩籬而自足。夫滿則外溢，謙則內修，溢則鼓浪以構災，修則靜心以成德。明《尚書》滿謙之教，有補無虧；剝《老子》虛靜之符，不盈能蔽。皆以滿溢為戒，謙虛為高，伊往哲之格言，實千秋之明訓。天道循環，無往不復；物情消長，有盈則虧。若氣暴志滿，形馳眉軒，譏他人之未工，忘己量之已拙。

失人寡助，靡所取資，滿志多驕，有以賈禍。故上蔡之犬不見，李斯銜哀；華亭之鶴靡聞，陸機遺憾。志忌太滿，殷鑒永傳，處世立身，所宜深慎！記曰：「志不可滿。」庸非至理乎？

樂不可極。貪功好樂，人之所欲無窮；切意饜心，物之可資有盡。故樂非逞慾，歡在愜心，慾樂難周，心歡易足。易足坦蕩，無之而非醴泉；難周長戚，所在皆是荊棘。人生行樂，自足為歡，何必酒池肉林，庸須弋苑舞閣？蓋物質之樂，腐蝕腑腸之源；精神之歡，陶融心性之用。故盡歡極樂，利弊不同，或樂畢而繼哀，或歡來而承福。事呈兩極，寓意至深，物質精神，不可一概。精神為禮樂詩賦，怡和心靈；書畫琴棋，增益智慧。聖經賢傳，諸子百家，陶冶性情之書，鍊錘德術之籍。積學之樂，悅禮樂而敦詩書；撰文之歡，工騷辭而善歌賦。棲遲六藝之域，德智漸成；浸潤百家之淵，文章日就。陶然自樂，莫比歡欣；勉焉獨勤，不遑寧息。而勞神苦體，衡慮困思，固豪士之恆操，辭家之本色。可致無央之樂，樂透身心；享莫大之名，名傳遐邇。然水盈而溢，樂極而悲，天道循環之規，物情轉變之律。立身處世，樹德建言，但執中庸之行，勿為甚泰之舉。顏淵不改其樂，所以蚤夭；賈誼極罄其思，因而速殞。揚雄苦慮，遂起「夢腸」之驚；曹植劇思，乃有「反胃」之說。雖皆騰聲飛實，既屬正業之修；而喪命殫精，已成反圖之累。況生齡有盡，智域無疆，安能僅憑血肉之軀，極追精神之慾乎？慾填則樂，樂畢則哀，君子進德修業，志在美身，寧不適可於厥中，而反沉酣於致極乎？物質為飲食男女，博奕獵漁，嗜欲大端，賢愚共有。得之為快，呈慾之興無窮；勝乃稱雄，享樂之情不盡。記曰：「樂不可極。」此之謂也。

故知長傲則損，縱欲則奢，樂極則悲，志滿則怠。聖人鴻教，天地光輝，傳百代而不刊，曉後生之耳目。而世人常樂以取極，慾以成淫，志滿不謙，傲長無誠。以致道德日墜，淳風漸衰，為官以高傲為常，發論以偏邪為正。公義消失，閭閻不寧，人倫靡存，社稷多亂。豈非格言不用，正道不由，安其危而利其菑，迷於毒而酖於鴆者乎？悲夫！

論庾賦之地位

(102)

陸機鋪賦，始革京苑之風；顏延雕華，方開晉宋之習。二子樹範，垂齊梁而益工；駢辭造型，至庾信而極麗。體製煥綺，盡失傳統之觀；音聲鏗鏘，廣怡世人之耳。文詠因革之大，往古無聞；體裁貿遷之奇，昔賢未見。辭賦藝術，已造極而登峰；筆端才情，幾空前而絕後。文苑奇景，偏綻五色之花；麗壇秀才，永垂萬年之譽。

夫庾信才華蓋世，逸氣橫雲，前仕不競之南庭，後官自雄之北國。優遊梁闕，創作宮體之辭；羈旅狄營，潤雕江關之詠。故賦風兩極，辭體不同，前後異情，北南殊致。仕梁舒豫，詠物騰歡，君臣唱和之吟，朋友往返之詠。所以陶情怡性，假物發思，描聲色以極歡，繪態姿以盡興。體裁新變，風調大移，既異兩漢之觀，亦殊宋齊之格。大鋪錦繡，未見盛德之形容；並奏宮商，但聞淫心之鄭衛。規模已轉，法度不存。如玉卮但作珍藏，寶物止供賞翫而已。甚且調句無定，體型大遷，詩賦合流，質性丕變。而君臣好尚，士子推崇，呈藝文之奇觀，乃庾信之大造也。七篇宮體，可喻席上之珍；小品錦珠，堪稱梁庭之寶。

梁朝末造，外患內憂，大盜既圍鄴都，胡人復下楚地。庾信銜命狄裔，遂就南冠之囚；居官魏、周，竟成北國之客。雖誕膺寵遇，沐浴厚恩，而孤臣之悲縈懷，戀主之意難釋。放情鋪賦，萱草不足解憂；肆志高歌，紫華難以取樂。昔日金谷滿園之樹，河陽一縣之花，既歎變衰，彌傷搖落。有感輒發，無思不憂，旅客銷魂，黯然無奈。半生多苦，皆為鄉關之悲；長賦八篇，全屬家國之歎。

故知庾賦總集，為數不多，南傳七豹之奇，北擅八龍之貴。一則梁宮酬酢，極君臣之齊歡；一則狄國感懷，博南北之共泣。土風既別，舒慘自殊，祖國敵邦，聲辭有異。前後諸作，體製不同，或為遊藝以盪情，或在感時以思舊。品致既異，情懷必殊，莫不窮力於追新，咸歸極貌以寫物。雕藻操調，煥華鏗鏘，搜奇遣言，危側整贍。詭章秀句，新士子之觀瞻；瑰意琦思，變文壇之體貌。拓宇貽世，百代奉為宗師；創規樹模，群英瞻仰洪範。唐宋四六，經因革而得名；有清諸豪，善摹擬以為體。如文苑鉅嶽，立百世不傾之標；麗壇洪濤，鼓萬年無絕之浪者也。

夫文域至廣，體裁隨代而殊；作家眾多，成就因才而異。姬周以降，采詩之官遍行；戰代而來，離怨之作鬱起。聖賢發憤，寓鴻教於篇辭；三閭怨咨，吐誹音於楚賦。風雅之興，雖附深衷，而義在傳經，故闕而不論。唯屈宋軒翥，逸步難蹤，寄情感於騷辭，抒鬱伊於肺腑。筆鋒所斷，群倫莫之與京；才藻所由，後學難乎為繼。文苑地位，皆謂辭賦之宗；作家風流，咸歸俊英之類。自斯以降，代有才人，或成世出之篇，或擅獨臻之體。皆足張逸氣於當際，播英聲於後昆，享名一時，垂範累葉。兩京之賦，馬揚馳騁而靡蹤；晉代之文，潘陸飛軒而絕跡。百世俊傑，雖久而名不渝；江山才人，縱遠而範常駐。欲傳不朽之事，德業為先；將表至深之情，辭章寧後？

庾信智通性達，意銳才高，妙解詩書，尤工辭賦。梁朝末季，仕宦東宮，宴遊帝子之旁，唱和詩辭之際。厭黷舊式，創為新型，宮體之名，於焉而起。君臣歡樂，士子賞吟，風氣丕扇於國中，規模永垂於文苑。既而羈北，仕狄無心，神馳楚湘，志繫梁帝。江關辭賦，一吐去國之悲；士子才華，盡抒懷鄉之痛。散珠横錦，血淚之痕難乾；鑄矩製規，藝文之位永固。又復藻思長發，逸氣遄飛，騁駢辭以抒情，用麗體以敘事。賦史之號，有似紀傳之流；悲情之篇，如同《離騷》之怨。

是以文場筆苑，歷賞諷高，咸歸藝林之宗，眾謂辭賦之傑。欲定其位，必先徵言，總四端以論談，非溢美之佞譽也。一曰：名齊徐陵，首鋪宮賦。二曰：調振南北，始諧馬蹄。三曰：以賦論世，博賦史之雅稱。四曰：仿騷敘情，似騷辭之哀志。則文家才情，隨聲聞以日廣；賦苑地位，本頌贊而漸高。自古學士，通經傳以為歡；從來文人，擅詩騷以致樂。況庾信所著，創格無窮，為辭賦之俊英，居文壇之高宅者乎？

國立臺灣戲曲學院六十週年校慶頌并序

(104)

聖賢載籍，總稱文章；士子書辭，涵蓋戲曲。先秦以上，精理為文；宋元而來，真情寫意。精理通達，歷萬年而長明；真情纏緜，銘五內而永駐。百代文運，綜述性靈，陳義最發典經，述懷偏依情致。經國大業，既以德義為根；盪靈通方，必以音情為尚。故文之為德，功用浩繁，或展立意之宗，乍呈游辭之本。游辭為本，小說戲曲之編；立意為宗，經史子集之作。聖賢文用，傳席珍以興邦；戲曲藝功，宏技能以淑化。千年筆苑，文、藝斯分，或載實用之功，或償娛心之樂。宋元劇曲，雖小道而可觀；閭里戲文，非正經而堪翫。一致百慮，天下品類皆珍；殊塗同歸，世路康歧俱達。則文可隨性，不效顰於秦漢；詩必永言，不學步於陸潘。唯其合時因事，皆可發為文章；稟氣懷靈，率能形乎喜怒。辭之可貴，無間古今；藝之可珍，不分雅俗。通人之趣，動眾之情，唯觀覽聽聞之歡，稱戲壇曲苑之貴。

蓋戲曲之作，先秦已俱椎輪；而弦音之工，元世方成大輅。千年以降，幾經更修，雅俗之間，多所因革。今時移世易，風氣不同，享樂怡情，通俗為主。昔日古雅，廣符彼時之風；今朝新奇，博洽大眾之賞。臺灣戲曲學院之創建，源委綦多，或順應時代潮流，或迓迎世人賞愛。鑽研藝場體制，變革趨新；促進文化功能，懷藏復古。凡課程設計，角色安排，皆極殫靈巧之思，弘啟聰明之智。而青衿演唱，亦步亦趨，動作不爽錙銖，表情極妍盡態。然後掌聲四起，讚語連翩，唯恐恍神失步，顧瑟忘琴，致十年之精功，毀於一旦之大意。故戲曲之藝，雖無四上之工；而舞吟之難，必倍六莖之發。

觀曲院成就，卓爾不群，固因時運所趨，實乃精神所致：校長卓越領導，統籌規劃之功；行政密周措施，輔翼勵行之效。教師勤授，口講指劃之庸；學子善摩，目遊心藏之就。蓋卓越規劃，展事半功倍之殷；密周措施，呈綱舉目張之象。勤誨其業，師嚴道尊；善摩厥修，藝興學樂。苟非利欲鬥進，安有時敏之心；若不意存自強，必無長修之志。進學之道，在勤修以善藏；成功之方，必先事而後得。夫百家所就，既以勞苦而成；一藝稱工，庸非艱難而致？況乎動作歌詠之間，不可錙銖或爽者哉？

今年四月二十九日為曲院六十週年校慶。甲子歲月，因踵事而增華；幾度光陰，由革新而趨密。多級學制，會同校而共研；各方菁莪，聚一堂而齊學。進步迅速，從草昧而文明；歷階穩安，既神閒而氣定。是以藝能專業，唯曲院之獨尊；俗技長才，非他校所跂望。大學之道，功在易俗化民；秀才之心，志惟安邦定國。不爾未合世用，學雖博而奚為？無周世情，志雖高而何用？則曲院貢獻，熠燿輝光，照臺灣之藝廊，會眾意之俗技。歌非雅樂，而起萬品之賞聽；念本俗情，而來百家之擬效。功用之大，豈聖賢之正經可比哉？

頌曰：

甲子歲月，欣載劇曲之功；萬千師生，榮膺戲壇之頌。
藝界彥秀，表演心神俱通；文場菁莪，唱吟口手並用。
臺灣曲府，眾技人才稱雄；國粹歌堂，諸宮閭里好弄。
精神所託，郁哉斯道之從；胸臆攸舒，熏乎此風之動。

掌東吳中文之系務，所更非一 (104)

（九二年八月－九五年七月）

余性本樸素，愛裝衣之無華；才非俊英，羨駑馬之有志。沉酣國學，每藏修以自娛；嗜好藝文，常雕縟而獨樂。歷經年載，沉迷摹擬之工；幾度光陰，陶醉教育之業。東吳帷席，師嚴道尊，但顧功庸之廣敷，無憂志慮之無繼。全力以赴，雖勞苦以奚傷；盡心而為，縱艱難而自若。如逢燕辟，乍陳道言以箴規；幸見俊良，或誇模範以獎進。至誠無息，力勉「勸學」之篇；篤志竟成，口傳「為山」之訓。赤心推我，竭四體之精神；大愛授徒，極一生之志業。曩以承乏，荷主任之重擔；尋因克勤，寄諸生以厚望。導牽方向，策畫進程，期書種之廣播，望系務之大展。陶甄巧事，無假匠氏之工；培植重擔，必遲師儒之育。三經年載，稍呈功用之興；數度酌斟，始見藍圖之展。力推系政，明定教方，式抒教師之誠，以課弟子之業。任內所更，事在難數，敷衽而論，殆可數端：

一曰：默書競賽

聖賢書辭，雕縟成體；士子情志，鋪摛成章。雕縟之體，辭必典華；鋪摛之章，篇必雅麗。孔子「文言」，期瑑詞以傳遠；陸機「文賦」，在述藻以窺情。古籍淵博，學子仰山之區，睿篇浩繁，辭家擬則之範。妙辭雅懿，百代相循，或假成辭以為章，或依「前言」以徵義，而往世名篇，妙辭寄乎經籍；當今巧製，警語感乎胸懷。不事誦藻，孰憶經籍之雅言；遐遺背功，何來胸懷之警語？「言」「語」充體，始能仰型而鑄詞；誦吟發聲，方可逐韻而覓句。所謂「據事類義」，「援古證今」，能外乎敞心以存詞，積學以儲寶者乎？詩書在腹，唯資記憶之功，翰墨飛文，必藉誦吟之韻。仰哲修身，蘊道義之脈注；臨篇綴慮，見辭章之綺交。故博學而識，捃理靡有漏遺；多誦且吟，鋪辭無所假藉。進學之道，既平坦而可循；摛文之源，復滂沛而不盡。況背誦之益，周愜身心，靜想而詞呈目前，傾聽而音繞耳際。運用之妙，輪扁難言，陳義散詞，自然輻輳。默書制度，風行一時，陶鑄才英，難以縷計。或沉酣文心，背誦成癖；或陶醉韻作，詠吟為常，此所更一也。

二曰：文言創作

文章大業，本學術以飛揚，學術宏圖，依文章而開展。文以明道，宗元徹悟之言；道以垂文，劉勰堅持之論。而時運移易，質文變遷，昔為士子之本能，今成生徒之棘手。但風氣激盪，世隨滾流而影趨；詞園效擬，生見異采而響和。遼闊藝苑，或重「語」而輕「言」；眾多生徒，或競「今」而疎「古」。情靈之發，不事雕縟之工；筆翰之搖，弗圖鋪摛之采。大勢所趨，不可違逆；而小心因應，或能轉移。文言創作，實為良方，易直抒為飾修，變空靈為潤色。字少意賅，文工旨縟，賑此中之不足，調時運之無偏。本系高瞻遠矚，授徒以嚴，先倡默書之風，後行創作之賽。自茲而降，教庸芬菲，佳評如潮，全系榮譽。而與賽之徒，潛能外發，或成系中之英，或得全國之冠。生徒眾多，既經爬羅以剔抉；才士不寡，必在刮垢而磨光。為師有道，樂且無央，此所更二也。

三曰：翰苑英華

往昔聖賢經賢傳，布在冊方，諸史百家，溢於簡牘。章義廣列，昭如日月之明；法度高懸，灼似星辰之道。不刊鴻教，永世典文，固群言之奧區，實眾製之元祖。楚漢以來，時序更替，聖賢不作，才士輩興。典雅「翰苑」，體情之製漸漓，「英華」藝林，逐綺之風日盛。詞人墨客，盛名溢于汗青；梁苑飛文，寶卷盈乎緗帙。西京侈濶之體，羽儀周文：魏世儷雙之言，祖襲漢采。太康錦繡，導致六代之靡風；南朝藻思，復興中唐之樸氣。韓柳稱古體之英，宗經徵聖；歐蘇號散文之傑，啟後承先。明朝擬古，反成小品可觀；清士遵儒，馴致駢辭復盛。百代文運，因革盛衰，雖曰染乎世情，豈非繫乎時序哉？粵自周秦暨於明清，代每更替；經傳至乎駢散，體多變移。而筆墨之所揮灑，積案盈箱，簡編之所聚集，汗牛充棟。苟非探源討委，拔萃簡精，蓋欲授徒，亦良難矣；故選注編冊，名曰「翰苑英華」，篇同大衍之數，文合上庠之用。教授鼓篋，許為「大雅」之編；青衿學文，視作「洪範」之本。書成之後，沿用至今，教師授課有依，學子摩篇有據。此所更三也。

四曰：有鳳初鳴

骨勁氣猛，鷹隼翰飛以戾天，肌豐力沉，翟禽翾翥而著陸。寫作才力，差可取擬，鸞集翰林則隱華；雉竄詞囿則害骨。唯文筆鳴鳳，「華」「骨」兼擁，既耀藻而長鳴，復展翎而高翔。諸生作文本事，宜蓄素以緯篇；撰論工夫，當標能而擅美。蓋望鳳擢形，聞聲定律，固詞壇之雅事，乃聖帝之殊能。「有鳳初鳴」，定名有自，惟望初試啼聲於今時，大敷異采于來日。緬惟本會之創，實應諸生之需，鳳鳴十秋，龍近千數。始則因陋就簡，即臺成帷，弗辭艱難，無畏勞苦。而行儀靡忒，程序不苟，研會雛型，儼然已備。嗣與國館合辦，規模始開，議堂亮軒，經費寬綽。稿自全國，俊才滿門，師來四方，高論繞耳。歷經三載，聲遍序中，成上庠之指標，為多士所仰望。近則數校聯合，陣容更宏，敞開兩廳之議堂，增置多類之講次。士心有寄，才氣能揮，師儒盡聲，學子得義。但願有鳳之長鳴，至期諸生之日就。江山代有才人出，庠序日瞻鳴鳳飛。此所更四也。

系務繁瑣，呈現萬緒千頭；師庸尊嚴，仰瞻天經地義。三年行政，用無盡之精神；四種措施，得日新之效用。「博聞強誌」（默書比賽），啟迪進學之方；「多創廣摩」（文言創作），責成摛文之術。「沉潛翰苑」（翰苑英華），饜飫往古之睿篇，「仰瞻鳳儀」（有鳳初鳴），鋪摛當今之卓論。治學有方，必先事而後得；為文有術，宜始樸而終華。成就無秘，巧妙在心，若鞠躬於一朝，可無慚於永世。諸生果能此道，不墜斯文，庶成東吳之輝光，不愧甲子之歲月。

讚述東吳大學校園之美

(105)

大學之教，明德為先，袪除人性之私，闡發天道之妙。使士子之精爽澄澈，反身有誠於中；行誼昭明，處世無愧於外。然後授之以智，秉術資生，既濟艱以解難，復開物以成務。至於健體之要，並重身心，攝衛惟宜，動靜多豫。操作合度，寢興適時，養朗暢之精神，成輝煌之事業。及夫群育為用，要在同心，導以合德之方，勸以樂群之道。積沙成塔，佛家之言寧虛？集腋成裘，慎子之論必實。

又若美學之教，遊藝為方，雅量弸乎其中，雍容現乎其度。而胸懷「充實」之美，景色「自然」之妍。不假寵於陶工，非乞靈於物采。

夫天下壯麗，乾坤瑰琦，傲岸物宜之中，頡頏人世之際。故知智明德厚，始立「美身」之基；健體樂群，方足處世之用。四育並重，莫能偏依，而關鍵樞機，美教為主。譬猶車輪致用，一轂統輻之功；手足標能，寸心施命之效耳。

潘校長維大灼見真知，高瞻遠矚，亟談「美身」之教，大論「充實」之言。謹德、智、體、群之育，闡「充實」「自然」之微，拔俗巧思，溢於言表，耿介之志，獨樹高標。為教育之楷模，乃學校之所賴。

校園環境，美育教材，彪雅觀之外型，弸樸質之內義。使士子進學，如入芝蘭之宮；教師呻笘，不施榎楚之物。神清氣爽，悅禮敦書，躬「敬孫時敏」之修，成「日就月將」之業。故環境美化，必以「自然」為宜；校園光華，務求「充實」之美。

東吳稟福嶺之玉石，鍾雙溪之波瀾，水秀山明，地靈人傑。校景美化，宏開五育之功；黌宮雅觀，大振多士之氣。謹庠序之教義，貴在陶甄；呈校園之風華，寧無讚述？

一、進學大道

進學之道，前趨有功，仰福山以輔仁，觀溪水以廣智。黌宮撲地，盡張講學之帷；圖書積宮，普設論思之室。謹乎庠序之教，勵俗敦風，重在品德之優，齊家治國。嚴師重道，授業本乎雄心，秀士致知，修身止於至善。

二、神木抱石（東吳精神）

雀榕神木，懷石而生，根穿之以入泥，樹抱之以立地。或經緯以包體，密而不疏；或支撐以懸空，重而不墜。乾坤之大，萬有之奇，唯本校之地靈，育天下之神物。

夫以無識之物，尚知克萬難以求生；含靈之人，寧不除百逆以應世。觀彼歷重重之困境，猶欣欣以向榮，斯東吳之精神，信處世之哲理。

三、佳木斯（喻佳木皆在此處）

堂、樓之間，佳木林立，板樹挺拔，蒲葵崢嶸。神榕扶疏，亭中高視，葉張十圍之蓋，地造八角之形。濃蔭密布，綠意四擁，洽公路過之人，常駐足以觀覽。師生雅興，往返流睇，觀其遊跡所至，恰如李下成蹊。

四、苑廊觀水

溪水奔競，恰似人生，水為朝宗而湧流，人以償志而奮進。孔子在川，有「不舍晝夜」之讚；孟子稱水，發「放乎四海」之嗟。

五、安素堂（靜心堂）

心敬而誠則安，神明自得；行廉而潔則素，祥瑞永隨。顧慕安素，不覺俗慮盡除；守敦誠廉，始期洪麻殷至。

六、錢穆故居

先生終身學術，造詣崇深，探老莊之驪珠，成文史之武庫。而今雖哲人已去，唯光靈之長昭；幸故居猶存，播素書之永郁。

七、有「榕」乃大（教研右側）

二榕鉅大，蒼勁多奇，枝葉遮天似雲披，根幹麗土如網布。有容乃大，傳世名言，徵諸校園風光，信哉天下至理。

八、桂、木流芳

桂、木二樓，夾物采之玉樹；法、商兩院，培政經之英才。乃知教育宗旨，既陶既甄，必有師嚴道尊，方造地靈人傑。

觀校園景致，既安雅以呈妍；則前輩謀猷，必殫精而竭慮。復校百祀，施教有方，培英萬千，載功無量。皆五育並重，而美學統綱，總「四育」以為經，張「一美」以為緯。本文讚景寫物，亦唯「美」是鋪；而觀園發思，則非「儷」不出。蓋亦重四育之經，崇「一美」之緯，貴乎「陶甄」之義，符乎讚述之心也哉！

東吳大學校訓

(105)

東吳大學，肆教先鋒，創開於清亡之前，成長乎鼎革之後。當昔全盛，百系爭鳴，而法學擅名，鷹揚於世。遷台復校，篳藍維艱，傳統精神，永世不墜。虎步國際，張英風於萬邦；鴻騫域中，植楨幹之多士。殆以校訓之潛移默化，昭明有融，南針指揮之功，聖教致用之效。故能開學養正，屢創新猷，為庠序之前茅，成國家之後盾。

洪維天地正氣，至大至剛；古今完人，盡善盡美。俯仰天地，肅肅大義之風；慕瞻古今，嶷嶷聖賢之德。培「養」薰陶，正氣布乎四體；步趨效「法」，完人現乎羹牆。則學子氣節品操，形於動靜；修為學問，見諸論談。故正氣可養而致，完人能法而成。「養」「法」之間，惟待熏習。是以「善」養正氣，則充然塞於為樹人之大志，竭慮殫精；籌建校之鴻圖，鞠躬盡瘁。王、石留光靈，天荒地老；東吳沐惠澤，山高水長。

十二、桂、木流芳

桂、木二樓，夾物采之玉樹；法、商兩院，培政經之英才。乃知教育宗旨，既陶既甄，必有師嚴道尊，方造地靈人傑。

觀校園景致，既安雅以呈妍；則前輩謀猷，必殫精而竭慮。復校百祀，施教有方，培英萬千，載功無量。皆五育並重，而美學統綱，總「四育」以為經，張「一美」以為緯。本文讚景寫物，亦唯「美」是鋪；而觀園發思，則非「儷」不出。蓋亦重四育之經，崇「一美」之緯，貴乎「陶甄」之義，符乎讚述之心也哉！

東吳大學校碑

(105)

至善路側，望星橋旁，耿介拔俗之標，嶙峋傲群之柱。東吳校標，巍然樹立，士林寶地，後擁福嶺蔚岑。左帶溪水，寄志波濤，為朝宗而奔流，永不舍於晝夜。右迎草山，深悟王學。就本體以格致，不心外以探求。比鄰中影，賞戲劇以陶情；遠眺故宮，遊藝文以化性。而校徽亮麗絢爛，映帶周圍；學子天真開朗，流睇昕夕。

碑之所樹，學校指標，僅立錐之寸方，含肆教之遠志。憑川飲景，傍水觀瀾，遊藝文以賞心，敦風教以勸學。衢道不至，指揮失路之人；坦途易衝，警戒飆車之族。寫物之大，止在一碑之中；寓言之周，已飛千里之外。周王紀跡，始勒碑於弇山；後代歌功，復刻石於宗廟。所以昭示來世，不忘前勳，仰祖德之崇高，尊帝功之偉大。維東吳創基，鳳曆已逾百歲；士子成器，棟樑豈止萬千？殆皆師嚴道尊，青衿頌聲不絕；實至譽滿，國際服義方殷者歟！

茲見校碑莊嚴，知學風之敦樸；體勢壯偉，表士氣之高崇。而立碑之義，要在感念先人，發彼嘉謀，成茲偉業。雖處草創之苦，矢志不辭；縱歷篳藍之艱，用心彌篤云爾。

選賢與能

(105)

創制定法，始立民主之基；選賢與能，方成豪雄之業。貞臣幹事，良法牧民，社稷康寧，閭閻綏靜。安邦定國，百代無疆之休；淑世敦風，群黎有慶之賴。政治眾人之事，寧可錙銖？民主百代所成，胡不賞愛？施行民主，乃政治之常規；選拔賢能，實舉才之洪範。臺灣選舉，興辦有年，雖見日起之功，乃無月將之果。近歲以降，耗在黨爭，當選風頹敗之秋，實政客囂張之日。此次選舉，狀況異常，雖規模僅在地方，而亂象漫衍通國。或假借民主，而行為叛道離經；或牽引法規，而唇舌乖方背實。以致政制虛設，不能救危正邪；賢能徒存，無法撥亂反正。加以名嘴霸道，逞鼓唇搖舌之能；妖言滿堂，盡興浪漏泥之態。游辭浮說，宣騰兩間；鄭樂桑音，瀰漫眾耳。悖經為巧，蚩氓醉而不疑；無檢為新，俗世樂而不察。國黨領導，守正不知通權；綠營統軍，出奇惟見批鬥。守正告敗，出奇奏功，天道無親而失靈，人間有愛而脫序。嗚呼！靜思無益，徒傷心神，深慮有謨，可補闕憾。追維綠染大地，肆政客之野心；血飛中央，呈通邦之亂象。夜郎獨大，幾如蜀犬之狂；小丑跳梁，但博場中之笑。素人無黨，屬騙票之鄙言；醫者有恩，乃施勞之凶德。推倒防盜之牆，用招賊害；廢除經國之道，以堵民行。行蹤含混，帳號不清，吐謊言以蓋真，騁謬說以翳實。學運亂常，佔公署而妨世務；綠營助陣，出奸謀而勸暴行。爾乃檢調不查，有司不追，畏人肉之搜尋，患紅兵之追擊。是以公道不顯，是非混而難明；世人自私，社稷隨而多毀。鐘沉雷鳴，屈原浩歎；深廢淺售，劉勰長嗟。嗚呼！人之好怪，惟怪洽眾之聞；物之尚奇，惟奇博俗之賞。莊周楊柳之笑，豈無故哉？宋玉白雪之傷，良有以也。言偽而辯，正卯伏司寇之誅；行輕而驕，秦軍遭大夫之譴。新人雖好，孰與故情之深；青色雖鮮，終失藍本之正。書生服義，難阻網軍之攻；政客病狂，亟扇媒體之吠。於是謬論遍地，積非成是之詞；疾言滿街，聚怨騰囂之謗。歪風獨扇，讒人聞而應聲；正義不張，賢士見而箝口。袁安垂涕，痛王室之將亡；諸葛出師，悲漢風之不競。當王事靡盬之秋，不遑將父；鯨波未平之際，無暇息心。廉頗年邁，尚懷領將之思；燭武體衰，猶遂退秦之志。《詩》云：「憂心悄悄，慍於群小。」我本一介書生，獨身服義而未沫耳。

詩書爲六朝麗辭之祖

(105)

百代文則，恆相模以成篇；千家句型，難獨創而為式。唯往世聖哲，明德通玄，識達古今，鑒周日月。發慮成憲，吐辭為經，文則既標，句型乃定。聖賢遺範，縱久不渝；士子效篇，雖新猶雅。自是鋪文備體，執術有方，後生依體以造詞，乘方以為制。乃能騁馳萬里之路，中道不疲；鎔鑄百家之編，千章不亂。若徒競新麗，借巧儻來，必致前驅有功，而後繼多躓。非才鋒之駑鈍，實文術之拙庸，唯有啟開法門，乃能成就睿製。依典為式，如游驪淵以探珠；因書立功，似酌經誥而耀藻。文章雅麗，固佩實而銜華；門術高明，乃宗經而徵聖。倘天縱英才，倚馬成篇，亦難擯古而取新，趨時而得巧也。故多踐往行，善依前言，可捃摭載籍之規，發舒胸臆之意。而詞園遼闊，文則庶繁，英才隨先哲之蹤，睿製博後生之賞。粲乎風流萬世，高雅士子之才；典範千秋，鑠淵聖賢之懿。是知文場筆苑，術門早開，辭人依循，摹體定習。

詩書雅麗，聖人妙思，議政抒情，教化所寄。恆久至道，不刊正言，四始列王道盛衰，七觀標政情良窳。言近指遠，思深意長，義周愜乎性情，詞極窮乎文理。雅麗之義，志惟經國之方；深長之思，意轉修辭之術。詩書開學，筆苑榮光，體成韻散之宗，初非聖賢所寤。累代以降，經義所凝，辭約旨豐，情高事雅。詞場沃土，供作耕耘奧區；文士神皋，仰為採摭靈府。蓋以辭富山海，極遠啟疆；文昭日星，窮深樹範。士子瞻仰，則效摹臨，百代沿循而未先，諸生追取而非晚。則麗體縟旨，文必取資；詩書雅言，事必陳義。三代經籍，六朝風流，先後雖殊，契符則合。乃知詩書在昔，餘味日新；駢麗掇芳，郁芬益烈。章學誠云：「文源於六藝，而多出於詩教。」劉申叔云：「詩書二經，大抵奇偶相生。」二家高議，士林指標，已為本題肇基，並成斯論張本。

駢散同源，各有文用

(105)

文章大業，功用多方，或以載道為宗，或以標能為本。載道務實，經傳子史之編；標能耀才，情靈藝音之作。三代之上，道沿聖以垂文；魏晉而來，士竭才於敷藻。文章體製，漸趨「散」「駢」之分；辭苑功能，遂有「藝」「用」之別。以為古文崇散，便於立意之宗；駢體務雙，利乎騁辭之用。然搦筆之義，既以述志為歸；成文之功，胡有踏空之理？惟因聖賢尚實，最發入神之微；士子務工，偏開遊藝之作。後進之士，不尋其根，昧其實而傳言，悖其真而定調。遂謂古文貴用，雅麗之詞不虛；駢體飾華，工妍之藻徒艷。散體簡潔，篇多暢通之言；麗辭艱深，語蘊幽隱之旨。且夫散在達意，故以崇實為高；駢惟事辭，故以雕華為貴。世代以降，習聞斯言，混淆視聽，文遂軒輊。甚且視駢為艷藻隱旨，如桂餌之失魚；繁文喪真，猶美言之不信。而唐宋復古，散體中興，更使陸謝之才為輕，徐庾之藻失色。煙墨徒受驅染，文壇不祥；簡編慘遭毀搖，麗體多難。其實古今同本，駢散一源，單句雙詞，惟所適用。兩者殊塗合轍，並派爭流，逐詞則駢，競氣則散。各有文用，不相崇卑，本無輕重之分，難作輕軒之論。曾國藩云：「古文喪真，反遜駢體，駢體脫俗，即是古文，跡似兩歧，道實一貫。」余謂文章之用，適事合時，盡情發揮，無所駢散。散行疏氣，能造極而闡幽；駢偶營辭，可雕華而致美。各有偏勝，且可相資，倘能闡幽而營辭欲工，致美而使氣必達，斯文章之上駟也，何必斤斤乎駢散之狹論哉？而士子泰甚，好走極端，致兩體壁壘分明，相爭不輟。或「各競新麗」，曰辭盛於六朝；或「率由舊章」，謂文衰於八代。

徐庾馬蹄爲韻，宮徵靡曼

(106)

文章所以發抒情志，感盪性靈，或被諸管絃之音，或假以鐘鼓之樂。宮商發越，方成聲氣之和；韻響並宣，始就情靈之適。昔師曠三奏，而玄鶴集鳴；蕭韶九成，而鳳凰來列。是以氣之動物，廣及萬倫，況為稟靈之人，含氣之類者乎？乃知音聲悅娛耳目，洒濯身心，施諸篇章，毫翰乃貴。是以聲律協諧，宮商翕和，既是綴詞之良方，復為衛氣之首術。譬若琴瑟專一，不能為聽；語言糾紛，難以達意。故吟誦貴清英之響，鋪摛尚流利之音，音響相從，語詞克諧。如聲心相忤，音藻互乖，而不加調和，文必失律。《文心》云：「標情務遠，比音則近，吹律胸臆，調鍾脣吻。」

文章聲律，相得益彰，而麗辭貴妍，互須更切。況六朝以降，韻學昌明，音分清濁，字別平仄，士子崇尚音韻，各出新裁，鍊色選聲，競為文用。往往韻簡音健，光采煥鮮，不絕馬蹄之規，無離浮切之旨。范曄云：「性別宮商，識清濁，斯自然也。觀古今文人，多不會了此處，縱有會此者，不必皆從根本中來。言之皆有實證，非為空談。」沈約音旨，科條最明，嚴訂浮切之規，詳判羽宮之調。其言曰：「欲使宮羽相變，低昂舛節，若前有浮聲，則後須切響。一簡之內，音韻盡殊；兩句之中，輕重悉異。」音律調韻，公式既陳，浮切能無辨昭，宮商不有發越者乎？徐庾繼以踐履，迭奏八音，新麗蒸騰，蔚為習氣。體裁綺密，聲貌艷妍，乃成六朝之奇觀，飫四傑之高韻。

徐陵〈玉臺新詠序〉：

九日登高，時有緣情之作；

|—|—|—|

萬年公主，非無誄德之辭。

—|—|—|—

庾信〈謝滕王集序啟〉：

蒲桃繞館，新開碣石之宮；

—|—|—

修竹夾池，始作睢陽之苑。

——————

浮切之理，沈約倡之於前；平仄蹄規，徐庾調之於後，文章發於心志，美在藻思，鋪摛而形於筆端，諷誦而樂乎胸臆。韻響協諧，宮商翕和，簡編昇華，登峰造極。翰墨之用，自非范沈所前知；辭章之輝，實是庾徐之獨發。徐陵云：「鏗鏘並奏，能驚趙鞅之魂」，宮商之用，豈不大哉？

桃園國際機場贊并序

(106)

桃機接臨北都之南，銜山毓秀；控引臺峽之右，鎮海安瀾。水土攸繫，脈注臺灣之淵泉；潮流所趨，綺交世界之軌物。「桃」樹不語，垂甘實而成蹊；「機」庸弗居，荷重擔而邀「贊」。不其懿歟！

若夫平原廣袤，腹地大而顯朗；體制雄豪，機坪遼而壯闊。航廈板築之殷，含超萬國；客車交通之便，度越四鄰。航班綢密，起降無時；商旅川流，往來不息。通關縝密，用期飛行之安；服務殷勤，以表款待之悃。渡洋超海，無遙弗臻；越嶺翻山，靡阻不克。航線輻輳，成便捷之康莊；旅人紛紜，乃繁榮之基石。

至於免稅之店，盡名世之奇珍；美食之街，全應時之嘉饌。金門埔里之酒，但聞而酣；木柵竹山之茶，淺品輒癮。遠人殷至，取所需而出關；眾客繁臻，朝所嚮而就路：北通首府，文物昌明之區；南極墾丁，川原廣衍之地。東覽花蓮形勝，驚魯閣之紆迴；中賞南投風光，讚明潭之秀媚。上躋塔山，憑觀五奇之景；下遊淡海，流睇萬有之觀。止則張設燕食，醉觴醪之泛浮；論談平生，饜肴蔌之陳薦。樂何可支！

余謂桃機場域遼闊，呈體勢之壯觀；規模高皇，增旅人之豪興。而臺資富厚，闢航運以通流；島景秀明，倡旅風而來遠。物流聚散，展工商之契機；旅業飛騰，接國際之長軌。故奐輪之體，猶帝庭之雕華；休暢之功，實科學之利用。猗歟壯哉！

贊曰：幅員所宅，廓焉有容。航廈營造，氣勢稱雄。旅客熙攘，言笑和融。物流會合，商賈疏通。文化接軌，無阻西東。天涯咫尺，世界大同。

養天地正氣，法古人完人

(106)

蓋聞天地正氣，寓於萬有之中；古今完人，垂諸九歌之詠。道義為根，篤行人間之世；惠慈為念，廣育鄉校之才。追惟世伯母之流風所被，教澤所加，得遠近之仰欽，博生徒之悅服者此也。

世伯母秉性聰慧，賡情和藹，長於大戶之家，諳於通方之矩。而謹身節用，簡棄奢侈；重實輕華，就成省曠。最愛詩畫，雅興自初至終；偏鍾藝文，素情從少到老。用能修美於體，取娛於心，既制百行之宜，復調五情之適。氣節之範，沛然脈注於中；禮儀之防，儼乎綺交於外。集義所生，呈正氣之磅礡；依仁而動，見高風之謹嚴。行誼合度，言論中規，處心守方，講事度軌。則乾坤正氣，塞乎兩間，聖賢借書於史臣，伯母見頌於學苑，不其懿歟？

世伯母早歲遊學輔大，業有專攻，樹立身之丕基，成載德之大乘。而後簡賢依德，琴瑟合聲，術學相酬，幸福無極。值台灣光復，百廢待興，乃違離桑梓之鄉，來暨蓬瀛之島，已爾任教鄉校，大展師嚴，雖身勞以奚傷，縱日晷而忘息。及其接掌校政，煥新校園，振作學子之心，加增教師之責。樹木雖易，樹人實難，而伯母值菁莪之滿園，蒔杞梓之遍野。夫畜養挺秀，來自始生之苗；隱栝成型，時其方嫩之體。不有伯母夏雨之化，春風之薰，安能出此槃槃之材，挺茲巍巍之幹者乎？觀伯母盡心校政，屢創嘉猷，縣府勒德以表揚，鄉民建亭以紀念。及退休之日，景況空前，人群歡呼於街，車隊恭送於道。其治校魄力，誨人精神，數茂庸以難終，蓋教史所未有。完人成就，播之聲詩；伯母功勳，載諸教史。猗與彤管，邦國之光。

不悟世情難測，憂樂一念之間；天命難違，去留靡疆之潤。而瞬息之際，伯母云亡，羹牆之時，典型在目。困乏不屈之範，感於胸中；惠慈無私之行，溢乎眼際。瞻仰孺慕，豈不心酸；念思情縈，寧無涕下。唯當恭踐典範，謹宏懿行，斯可稍化傷心之情，漸為仰德之義云爾。

◎世伯母：吾同學台北大學副校長司仲敖先生之母，對我疼愛有加，故云世伯母。

奉　祖先靈骨進塔記

(106)

沙山芳苑，灌莽叢生之墟；彰化海濱，舸船頻駛之域。北湖鹿港，中原人文猶存；南窮安平，閩粤風俗尚在。土壤澆薄，亟待改良之工；民性樸紈，頗知克儉之用。資生雖困，鄉多忘貧之人；拓業維艱，家瀰致祥之氣。男務稼穡，為供餬口之資；女勤蠶桑，庶免凍膚之苦。民性敦厚，率向義而崇仁；鄉情深長，獨重遷而安土。幸哉！天高帝遠，無苛瑣之咈心；民暇情濃，有頻繁之聚首。陶令之去彭澤，豈徒然哉？張衡之歸田園，良有以也。

洪維我先皇祖諱四方，閩中良士，秉節忠貞，馭將佐康熙之朝，統軍渡臺、閩之海。恭桑敬梓，拓土開疆，導漳泉之移民，安陳族之生計。出謨獻策，屢獲聖祖之封，建社安鄉，深得庶民之望。奔走國事，勤勞王家，竭慮殫精，席不暇暖。波惡渦詭，驚險閩臺之間；心誠意安，虔奉媽祖之像。往返海上，幸免浪梘之危；耕耨鄉中，既成營生之術。銘功有石，早著世人之心；奉祀乏儀，久成里閭之憾。於是民間媽祖之廟，興建苑港之旁，陳氏將軍之靈，陪依聖母之座。禮也。

世事變化，滄海桑田，潮流挾泥之淤，沙石落水之堵。深港漸涸，舟船日稀，難覩往日之榮昌，預知來年之搖落。數代以降，敦樸尚廉，不悖世俗之情，唯遵陳家之訓。而昏政割地，罄庸官之醜行；黎民失尊，愧奴隸之窘狀。五十歲月，社稷不寧，每聞噢咻之聲，多見饑饉之色。佩紫之士，最悲喪權之羞；含靈之氓，亟感辱國之痛。所幸皇天悔禍，日寇服刑；明德惟馨，島民轉運。台灣光復，汶陽之田既歸；百物競甄，衛國之政已返。族家和樂，村里祥寧，儉樸之風仍存，勤勞之性未沫。伏臘祭祀，親朋歡宴之機，神明出巡，遠近樂遊之境。夫野人獻曝，不知狐貉之溫，簞戶安貧，但識閭閻之趣。是知人生在世，運命不齊，倘節用而謹身，必有祥而可樂也。

近世民豐物阜，始逢運塗之昌；俗泰世華，粗竟志事之果。而祖宗不見，緬維創基之恩；父母已亡，恆憶銜恤之痛。祖體歸土，何如進塔之安？先靈在園，豈若入宮之固？蓼莪之詠，風木之思，既懷「罔極」之嗟；復悵「不待」之憾。

昔日菽水，養雖薄而盡歡；今茲犧牲，祭雖豐而徒獻。歐陽脩云：「祭而豐，不如養之薄。」又云：「昔常不足，而今有餘，何其及也。」嗚呼愧哉！

不孝子孫**松雄**泣述祭拜

樹木成蔭，樹人成材，樹石勒勳

(106)

種樹成蔭，其功易彰；育才成英，其功難顯。世伯母所植之樹，歷光陰而呈華；所育之才，積歲月而成俊。呈華挺幹，蔭子孫於千年；成俊展才，興國運於萬世。

乃知嚴師始出高棣，國有棟樑；玉樹正生庭階，家傳俊秀。世伯母公以興國運，私以澤子孫，特樹石勒碑，用銘景行云。

世侄　陳松雄　恭誌

瑞安圖書館林景伊紀念堂開幕記

(106)

數千秋難遇之風流　學術文章兼善
就一代獨臻之光景　才情道德俱高

蓋聞會稽上郡，藝文發越之區；錢塘名都，器物會同之所。儒經玄道，流風扇於海西；詞客騷人，豪碩聚乎江左。右軍才氣，永垂書聖之尊；康樂情迴，不廢詩宗之號。范曄沈約，音韻開新體之功；賓王放翁，騷文稱唐宋之傑。陸宣公之政理，榷古揚今；宋景濂之典章，光朝振國。四靈才秀，傲居詩衢；二永學優，精闡儒術。東南形勝，最稱吳會風雲；天下俊英，盡在越中寶地。近代以降，文運益昌，西學雖興，國風仍競。敦書悅禮，聲名溢於縹囊；抱質懷文，述作盈乎緗帙。學術論道，探宇宙之大端；韻聲發微，蹤章黃於後乘者，其惟林師景伊之巍峨宮室，得門牆而或登；淵濬江潭，假舟楫而庶渡歟！

公溫州瑞安賢士，膺性聰睿，稟情開朗，仁慈本自天衷，質義因乎地氣。益以名父庭規，厲品操而啟慧智；大師時教，傳音韻而授典墳。焚膏繼晷，雖日昃而忘勞；據典鑄詞，縱絕編而自若。因神易老，敬韓愈之頭童；用志不紛，效庖丁之視止。嘔吟雒誦，日就月將，述作鋪摛，山成雲委。爾乃明經貫道，調逸二京；積學美身，譽傳四海。弱冠教授，縱橫庠序之間；英歲秀才，耿介耄耆之列。踔厲俊傑，飛實騰聲，匪惟閭里之榮，抑亦邦家之耀乎！

學術濟世，明經達政之功；文章治邦，援古證今之用。遍通載籍，至道乃彰；妙解詩詞，真情始見。先生譽揚中外，學貫古今，遠人慕名，近士仰德。誨人無倦，培菁莪之滿園；握筆忘勞，著簡編以壓架。杏壇驕子，不施櫝荊而威；苑方家，並具才學而霸。無何而日寇鼓浪，鯨鮒掀波，華北雲掩，盧溝月暗。乃投筆免園，獻身黨國，無畏橫逆，不驚險巇。蔣公寵命有加，授漢口之主委；用心無謬，寄儒生以重膺。於時國軍撤守，阽危叢生，局勢沸騰，奸邪乖謬。漢賊不並，竊忻諸葛之忠；炭冰難同，獨仰文山之氣。書生惆悵，見板蕩而興悲；志士慷慨，覩崩離而發憤。出奇履險，建殊功於輈張；獻計陳謨，決大議於顛沛。世變滄桑，多傷家國之擾攘；志安社稷，六蒙總裁之獎知。正邪鬥角之陣，幾從士隴；「國」

「偽」爭鋒之間，遂繫囚圄。威脅利誘，詖辭漫天，而斧鉞不屈其心，紫黃難淫其志。絕命詩云：「此心同日月，此志擬冰雪；日月長光輝，冰雪終皎潔。昔思李郭功，今灑文山血；忠義分所安，慷慨成壯烈……」幽囚半歲，幸得脫身，雖見日月之光，難申春秋之義。遂棄去黨政，往返巷中，慎走天府之邦，謹敷上庠之教。觀其性擬日月，經天之軌不愆；志甚松筠，傲物之姿永曳。誠然寒冰厲節，蘇子卿之貞心；古道昭顏，文信國之正氣也。

勝利東歸，南都再建，新憲興行，榮膺國代。定法制憲，如布絲綸，作民主之先鋒，為國家之重鎮。正辭直議，出自胸膺，論廣符於人心，言深切於俗弊。真可謂獨善立言，奉時騁績，詞華與質紈並具，器用共文采兼擁者也。

奈何天不悔禍，無帶礪之山河；物多渝情，有蘇吳之錦繡。建鄴海嘯，神州陸沉，離散枌榆之鄉，播遷瀛海之島。長安日遠，慨京鄴之不朝；閩峽水深，悵鈞酆之難縣。新亭之會，徒切黍離之悲；老友之遊，但傷國故之墜。深知起衰振弊，唯資學術之興；貽世濟民，不外文章之用。更復日居月諸，陶醉乎聖經賢傳；情篤意銳，潛沉乎赤軸青箱。學猶王、馬，挹道儒之清芬；才比陸、潘，雕士子之鴻藻。而學術濟世，端賴師道之尊；文章化民，必假英才之育。因受聘臺師大國研所教授兼主任，並先後任政大、東吳、輔大、淡江、文大等校教授，文大中研所博士班主任。春風夏雨，熏溉並用之方；冬日秋陽，愛威齊施之教。幔帷誦吟，傳經之德不盡；風雨述作，弘道之功無央。著有《莊子通釋》、《經學略學》、《切韻韻類考正》、《兩漢文彙》、《中國學術思想大綱》、《中國聲韻學》：等皆學術鉅著，論思鴻編，翰苑英華，儒林瑰寶。獲贈韓國建國大學榮譽文學博士學位，騷壇巨擘，學海洪濤，懷利器以東征，載金聲而西返，豈不休哉？

洪維天道與善，地靈出英，覺宇宙之無荒，信乾坤之不息。天地化育，德星耀於長空；江河潤滋，書種播乎沃土。溫州大郡，瑞縣勝都，樸風扇於山川，美俗蘊乎河海。甫申維嶽，傳說乃辰，幸尹公之受生，如文曲之降世。詞華光國，耀爭日月之日；文德濟時，功駕政「經」之上。縣中圖館，板築奐輪，特闢景伊之堂，用藏宏富之著。夫古因立廟而載實，韓碑久傳；今以建堂而生輝，瑞館永在。當道明達，咸向慕而咨嗟；蒸民率真，盡仰瞻剛誇耀。開幕之日，纓紳駢肩，如觀太學之碑，猶入華陰之市。余受邀與會，欣幸何疆？憶吾師之音徽，愧門下之鄙近。蒲柳陋質，仰景行而更思；犬羊寡文，覩虎彪而愈奮云爾。

贊曰：維公在性豁達，老莊姿縱之風；處心塞淵，孔孟漸摩之德。識見廣博，植自六藝之根；志節忠貞，蘊乎兩間之氣。才高情篤，咳唾珠玉之聲；膽赤心丹，叱嗟風雲之色。文章華國，聲詩播於無疆；學術經邦，典範垂諸永葉。不其懿與？

受業**陳松雄**恭撰

《易經易曉》序

(107)

庖犧觀察，畫卦類情；西伯患憂，作辭寄志。周公才藝，繼先君以著爻；孔子聖明，紹三哲以贊翼。四聖合德，炳曜儒林，精言出而千秋傳，秀氣形而萬世仰。乾坤不息，德競天地之功；品物咸亨，道參神明之化。聖人不復，後昆歎周孔靡追；易道難明，先哲披韋編三絕。於是微言大義，深藴簡楮之中；彝訓鴻編，潛藏典墳之載。

庖犧畫卦，懸示吉凶之詞；西伯作辭，錄登卜筮之語。周公之爻，孔子之翼，所以闡釋卦辭之義，發明易道之微者也。殆以吉凶之卦，卜筮之詞，皆旨遠道幽，文奇意隱。後世仰三聖之遠旨，重卦爻之微言；酌孔子之藻思，摹文繫之精義。從學術演繹，暨乎音辭模擬；由散行文章，至於麗體創作。「水濕火燥」，預成麗體之微；「履霜堅冰」，先見散行之作。不惟學術巨嶽，哲思深淵，抑亦散體先師，麗辭始祖。探其學術，闡奧發微；效其文辭，鉤玄提妙。淵鑠乎理道之庫，索之無窮；沉深乎才思之皐，取之不盡。

易道深遠，來自聖哲之妙思；經辭艱難，由乎卦爻之奧義。昔人創典，文雖約而旨豐；後士解經，志在勤而意銳。故自周秦以降，萬家競疏；歷朝而來，百子爭註。馬鄭之輩，何晏之儔，韓康伯之解疏，孔穎達之正義……。秦漢以後，明清之前，高才虎步於儒林，卓見鴻騫於易苑。而今人現實，嗜慾近功，蹈目前之俗塵，遺千載之雅道。以致國風不競，漢學日微，先人易編，戛戛難解。學者鄙薄經術，遠違道藝之場；錙銖儒行，遐棄易經之用。辭文旨遠，諸聖慧智之淵；事隱義深，先典慮思之府。無思何辨？不智胡成？必至是非混淆不清，衢道歧異難達。不觀石室，揚雄何成鴻詞？弗解前言，大畜胡積正德？

邇來易苑闃靜，不聞討論之聲；儒效沉淪，未見闡揚之術。而吾友邱衍文，黃芬絹伉儷獨發憤述作，稽古釋疑，敝精神於卦爻，竭志慮於傳翼。假十年之日力，漸潤其間；殫周身之智能，棲遲其域。凡卦爻之解，翼傳之疏，莫不索源尋根，沿聖創義。而按語之發，闡述精明，補註疏之未詳，析議論之不盡。故本書之作，多所發明，啟後生之息游，裨學術之炳曜。博採廣納，卓見沉思，適可重汎易海之波，再干儒林之木者焉！

《學易自強》序

(108)

庖氏畫卦，類推品物之情；文王演辭，懸示吉凶之語。姬公作爻，闡揚周道之用；孔子制〈翼〉，傳贊經詞之微。萬古以降，說法紛歧，而四聖傳承，殆無疑義。蓋孔子敦崇儒術，祖述《易經》，屢絕韋編，踵武三聖，故庖氏「畫始」之說，發端於前；仲尼「翼終」之言，垂統於後。《易經》之闡，總四家而更珍；周道之揚，歷萬代而益寶。易之為用，廣大無疆，由卜筮而談天，從贊神而治國。

學易自強，天行之道，洵恆久不刊之鴻教，千年無廢之大經。蓋四德之用，品物咸亨；二儀之行，乾坤不息。可使萬流仰止，百代望陽，呈宇宙之常規，是人間之恆典。天道既健，君子體以自強；易門既闊，儒生進而不怠，故曰：「學易自強。」因其旨遠事隱，藻深詞精，探其旨事而嗜其玄，析其藻詞而歎其妙。但自古黎獻紛雜，趣舍萬殊，或沉耽於聖謨，或流湎於辭藝。易道體大，辭采精深，正學者沉耽之區，詞家流湎之域。沉耽則以立義為本，流湎則以能文為宗，故鴻謨大義汗牛，赤軸青箱充棟。解說者超萬邁千，取資者累朝緜世。「象數義理」，鄭玄闡述既盡；「論說辭序」，劉勰條流已詳。故知辭理遐亙，佩實銜華，所以易道入神，聖經垂訓。百家騰躍，萬代競疏，不必假寵於康成，又何須乞靈於彥和乎？

吾友陳坤祥先生，昔在年少，好學深思，長而益勤，聞於鄉里，經中學而大學，由大學而高庠，沉潛《易經》，歷載五十。恆心毅力，獲儕輩之同欽；才智聰明，蒙嚴師之嘉許。數十年之際，卓然有成，講學黌宇之中，授徒館堂之下。黌宇大學，立青衿之根基；館堂私家，授弟子以專藝。焚膏繼晷，累月積年，張皇易旨之微，補苴卦爻之義。批點注釋，提要鉤玄，遠紹諸賢之疏，終成大畜之象。軼事遺績，簡擇必務其精；前言往行，引援必貴其約。然後斟酌儒術，依從聖言，始得鴻義之大疏，易經之詳注焉。今易林殄瘁，而其人云亡，猶大樹凋零，而霜露頻降，幸其夫人顏氏金淑深明大義，遵先生之遺言，其弟子蕭氏惠貞，感師長之垂訓，化悲憤為力量，易銜哀為感恩，共商出書之謀，以益後生之慮。使周道不墜，微言長揚，波瀾不倒於既狂，檜柏無凋於已臘。茲以付梓在即，請序於于，余感二位之誠，復申朋友之義，故樂而序之云。